교과서가 쉬워지는 교과서 9
빅뱅부터 블랙홀까지 우주 이야기

초판 1쇄 발행 2020년 7월 10일
초판 3쇄 발행 2023년 10월 30일

글쓴이 지태선 | 그린이 김고은 | 펴낸이 김민지 | 펴낸곳 미래M&B
등록 1993년 1월 8일(제10-772호) | 주소 서울시 마포구 동교로 134(서교동 464-41) 미진빌딩 2층
전화 (02)562-1800(대표) | 팩스 (02)562-1885(대표)
전자우편 mirae@miraemnb.com | 홈페이지 www.miraei.com
블로그 blog.naver.com/miraeibooks | 인스타그램 @mirae_ibooks

ISBN 978-89-8394-891-5 (74440) | ISBN 978-89-8394-656-0 (세트)

＊잘못 만들어진 책은 구입처에서 바꾸어 드립니다.
＊이 책은 저작권법에 따라 한국 내에서 보호받는 저작물이므로 무단 전재와 복제를 금합니다.

아이의 미래를 여는 힘, **미래 i 아이**는 미래M&B가 만든 유아·아동 도서 브랜드입니다.

교과서가 쉬워지는 교과서 9

빅뱅부터 블랙홀까지 우주 이야기

지태선 글 | 김고은 그림

미래i아이

작가의 말

　하늘을 봐 봐. 한눈에 다 들어오지 않을 정도로 넓지? 그렇지만 우리가 보는 하늘은 우주의 아주 작은 부분에 지나지 않아. 지구촌이 넓은 것 같지만 사실 우리가 사는 지구도 우주 속에서는 먼지같이 작은 존재인걸. 이렇게 말하니 우주가 얼마큼 큰지 짐작 가니?
　옛날부터 사람들은 우주에 대해 궁금한 게 정말 많았어. 하늘의 해와 달, 별은 무엇으로 되어 있는 걸까? 얼마나 멀리 가면 그들에게 닿을 수 있을까? 천체와 우주는 도대체 얼마나 큰 걸까? 언제쯤 생긴 걸까? 우주에는 어떤 존재가 있는 걸까? 우리가 사는 지구처럼 사람이 사는 또 다른 지구는 없는 걸까? 밤하늘에 빛나는 별은 왜 제각각 밝기가 다른 걸까? 이런 궁금증들은 끊임없는 연구로 이어졌고, 이젠 실체를 볼 수 없었던 '블랙홀'의 모습을 사진으로 담는 일까지 가능하게 했지.
　친구들은 '우주' 하면 뭐가 떠올라? 내가 처음으로 궁금했던 건 밤하늘의 달과 별에 관한 것들이었어. 밤하늘을 반짝이며 수놓는 저 존재들은 도대체 무엇인가 궁금했지. 뭐, 별로 복잡하고 어려운 질문은 아니지? 하지만 그게 바로 우주에 관한 모든 관심의 시작이었어. 뭐든 '시작'이 있는 법이잖아. 시작에 대한 답은 간단했지만 다음엔 다시 끝없는 질문들이 이어졌어. 마치 옛날 사람들처럼 말이야. 이어지는 질문의 해답들을 찾다 보니, '우주라는 건 도대체 언제 어떻게 생겨났는지'가 무척 궁금해졌어. 사실을 알게 된 다음에는 더 놀라게 되었지만 말이야. 우리가 사는 이 시간과 지구라는 공간에서는 직접 보거나 경험할 수 없는 수많은 일들이 우주에 있었거든. 하지만 그런 일일수록 더 신기하고 재미있는 것 아니겠어?

그러다 보니 이 재미난 우주에 대한 이야기를 나만 알고 있을 수가 없었어. 과학이라 어렵고 재미없을 것이라고 생각할 수도 있지만, 옛날이야기보다도 재미있고 흥미진진한 사실들이 정말 많이 있거든. 그래서 '우주의 처음'부터 시작해서, '실재하고 있는 다양한 존재들', 그리고 '우주의 끝'까지 이야기를 하기로 결심했지.

지금까지 과학이 발전하는 속도보다 앞으로의 과학은 더 빠르게 발전할 거라 예상되고 있어. 최근 100년 동안 우리는 우주에 대해서 정말 많은 것을 알게 되었지만 더 짧은 시간 안에 더 많은 것에 대한 답을 구할 수 있을 거야. 게다가 우주에 대해서 알아 가다 보면 우리가 사는 이 세계가 작동하는 가장 기본적인 원리까지도 알 수 있단 말이지. 앞으로 친구들이 우주에 대해 알아 가고, 또 연구해 가면서 이론으로만 존재하는 것들을 증명해 낼 순간들을 상상하면 정말 신이 나. 친구들이 우주와 가까워지는 데 이 책이 작은 씨앗 역할을 하면 좋겠다는 마음을 담아 이야기를 풀어냈어. 아주아주 먼 어느 날 우주의 씨앗이 생겨났던 그때처럼 말이야. 그럼 이제 우주의 첫 순간으로 함께 들어가 보자고.

지태선

프롤로그
　　대폭발, 모든 것이 시작되다 … 8

1장 태양과 태양계

　　태양계가 생겨나다 … 14
　　가장 크고 무거우니까 '태양'계 … 17
　　불타는 태양 … 21
　　태양의 비밀은 검은 점을 보면 풀 수 있다 … 24
　　사라진 태양? 일식 … 27
　　태양계가 사라진다고? … 30
　　이건 알고 있니? 천상의 커튼 오로라 … 34

2장 행성, 왜행성, 소행성, 혜성

　　밤하늘의 떠돌이, 행성 … 38
　　가장 작지만 밝은 수성 … 42
　　아름다운 금성 … 44
　　지구라는 행운 … 47
　　붉은 행성, 화성 … 50
　　태양계 행성 중 가장 큰 목성 … 53
　　행성계의 모델, 토성 … 57
　　이상한 쌍둥이 얼음 행성, 천왕성과 해왕성 … 61
　　이건 알고 있니? 이상하게 도는 행성과 위성 … 64
　　쫓겨난 명왕성은 뭐라고 불러야 할까? … 66
　　잃어버린 행성? … 69
　　혜성이 불길한 존재라고? … 72
　　태양계 안의 작은 태양계? 행성의 달, 위성 … 76
　　지구와 달이 닮았다고? 절대 아니야! … 79
　　이건 알고 있니? 행성의 조건 … 82

3장 별

반짝반짝 별 ··· 88
저마다 다르게 빛나는 별 ··· 91
지구에서 보는 별의 밝기와 진짜 별의 밝기 ··· 94
하얀 별, 빨간 별 뭐가 다르지? ··· 97
별의 질량은 별의 일생을 좌우한다 ··· 100
외계인의 신호? 중성자별 ··· 105
정체불명의 검은 구멍. 블랙홀 ··· 108
이건 알고 있니? 블랙홀에서는 시간의 속력이 바뀐다 ··· 112

4장 별자리와 은하수

하늘에 그린 그림, 별자리 ··· 116
하늘의 북쪽, 북극성 찾기 ··· 119
이건 알고 있니? 밤하늘의 별 찾기를 도와주는 프로그램 ··· 122
지구가 공전하면서 별자리도 바뀐다고? ··· 124
사계절을 대표하는 별자리 ··· 127
은하수와 우리 은하 ··· 131
별 공장, 은하 ··· 134
이건 알고 있니? 은하의 한가운데 있는 거대 블랙홀 ··· 138

에필로그

우주에 끝이 있다면 아무것도 없다? ··· 140

> 프롤로그

대폭발, 모든 것이 시작되다

자, 지금부터 하는 이야기를 머릿속으로 그리며 상상해 봐. 여기 아주아주 작은 씨앗이 하나 있어. 아무도 본 적이 없는 씨앗이야. 이 씨앗에는 무엇이 들어 있는지, 앞으로 무엇으로 자라게 될지, 아무도 몰랐단다. 그러던 어느 날 갑자기 이 씨앗이 폭발해 버렸어! 펑 하고 터지는 폭탄처럼 '대폭발'이 일어난 거지. 더 놀라운 건 그다음이야. 마치 빨리 감기를 한 영화 화면처럼, 순식간에 자라기 시작했단다. 도대체 이 씨앗이 뭐냐고?

아무도 본 적 없는 이 씨앗의 정체는 바로 '우주'야. 그래, 너희가 떠올리는 그 우주! 우주선을 타야지만 갈 수 있는 그곳 말이야.

이렇게 우주는 갑자기 나타났어. 그것도 약 137억 년 전에! 뭐, 관측에 따라 1억 년 정도 차이가 있을 수가 있지만 말이야. 우주적 시간으로 1억 년은 아무것도 아니니 그냥 넘어가자고. 우주가 처음 생겨났을 때에는 눈에 보이지도 않을 정도로 작았어. 그런데 1초 만에 우리가 아는 태양계 크기가 되었지. 그 후로도 우주는 지금까지 계속해서 팽창하고 있어.

그런데 우리말로 하면 대폭발이지만 전 세계적으로 유명한 이름이 있지. 바로 '빅뱅(big bang)'이야. 그런데 빅뱅이 처음에는 비꼬려는 마음에서 만든 단어였다는 것은 아니? 이 단어를 처음 사용한 사람은 프레드 호일이라는 영국의 천문학자야. 그는 대폭발 이론을 믿지 않는 사람이었지. 호일은 한 라디오 방송에서 우주에 관해 이야기하다 "어떤 사람들은 우주가 어느 날 갑자기 빵(bang) 하고 대폭발을 일으켜서 만들어졌다고 생각하더군요."라면서 비꼬았지. 그런데 생각보다 너무 적절한 단어여서 그 이후에 모두들 빅뱅이라고 부르게 되었어. 믿지 않는 사람이 그 이름을 지어 주다니 참으로 아이러니하지 않니?

사실 호일의 입장도 이해가 되긴 해. 이런 말도 안 되는 이야기를 어떻게 그리 쉽게 믿겠어. 증거를 가져와도 믿을까 말까 할 텐데 말이야. 그런데 그 증거가 있다는 말씀. 게다가 그건 온 우주에 흩어져 있지. 바로 우주 배경 복사라는 형태로 말이야.

갑자기 나타나 순식간에 커져 버린 우주는 말도 못 하게 뜨거웠어. 얼마나 뜨거웠냐고? 아주아주 뜨거웠지. '아주아주'라는 표현이 모자랄 정도야. 온도로 따지면 섭씨 1조 도가 될 거야. 물은 섭씨 100도에서 끓고, 쇠를 녹이는 용광로의 온도는 섭씨 1500도 정도야. 저 멀리서부터 지구를 데워 주는 태양의 표면 온도도 섭씨 6000도 정도니깐, 처음의 우주가 얼마나 뜨거웠는지 느낌이 오니? 이 뜨거움이 빛이라는 흔적으로 남아 있는 것이 바로 우주 배경 복사란다. 하지만 지금은 우주가 너무 커지고 식으면서 아주 약해졌어. 그래서 쉽게 찾아내지 못했지. 강한 빛이나 신호면 쉽게 찾았을 텐데 말이야.

빅뱅 이후의 팽창에서 진짜 중요한 건 '시간이 지나면서 우주도 식어 갔다는 사실'이야. 우주가 만들어지고 38만 년쯤 지나면서 섭씨 2700도 정도까지 온도가 내려갔지. 그래도 아직 너무 뜨겁지? 하지만 드디어 우리가 아는 수소나 헬륨 같은 물질들이 생길 수 있는 온도가 된 거야. 그동안은 너무 뜨거워서 물질이고 힘이고 빛이고 뭐고 다 뒤죽박죽이었거든. 이제 우주에 뭔가를 만들 재료가 생긴 것이지. 재료가 있다고 바로 만들어진 것은 아니지만 말이야.

다시 시간이 흐르고 흘러 빅뱅 후 약 4억 년이 지난 다음, 드디어 수소와 헬륨으로 이루어진 우주 최초의 별들이 만들어지기 시작했어. 이 별들은 어마어마하게 컸지만 수명이 짧았어. 300만 년 만에 펑 하고 터진 뒤 사라졌지. 별들이 사라진 자리에서는 다시 별들이 태어나고 사라지기를 반복했어. 수많은 시간이 지나고 드디어 우리의 태양이 나타날 시간이 되었어.

1장
태양과 태양계

 태양계가 생겨나다

간단한 수수께끼를 하나 풀어 볼까? 이건 아침마다 하늘에 나타나. 노란색 공인데 맨눈으로 보면 괴로워. 이건 무엇일까? 너무 쉽지? 바로 태양이야.

넓고 넓은 우주에서 우리가 살고 있는 이 지역을 태양계라고 불러. 우리는 지구에 살고 있는데 왜 지구계가 아니고 태양계일까 궁금하니? 그건 태양이 더 힘이 세기 때문이야.

시간을 다시 과거로 돌려 보자. 태양은 지금으로부터 약 46억 년 전에 태어났어. 우주가 생기고 대략 90억 년이 지나서지. 이 근처에서는 이미 여러 번 별들이 생겼다 사라지기를 반복했어. 그러면서 여러 가지 물질들이 생겨났고, 이 물질들 대부분은 태양이 만들어지는 데 쓰였어.

하지만 태양이 모든 물질을 써 버린 건 아니야. 조금이지만 남은 것이 있었지. 이것들이 모여서 다시 작은 공들을 만들었어. 작은 공들은 태양 주위를 빙빙 돌았지. 그러면서 서로 부딪혀 깨지기도 하고, 합쳐져 커지기도 하면서 점점 자라났어. 그러다 8개의 덩어리가 되었어. 이 덩어리들을 우리는 행성이라고 불러. 수성, 금성, 지구, 화성, 목성, 토성, 천왕성, 해왕성이

태양계의 생성 과정

바로 이들이지. 행성들을 만들고 또 남은 작은 덩어리들도 태양 주위를 돌거나 다른 행성의 주위를 돌거나 하고 있었어. 이들을 모두 합쳐 태양계라고 부르지.

태양계는 태양의 중력이 닿아서 그 영향을 받는 구역을 이야기해. 중력은 물질들이 서로 잡아당기는 힘을 말하지. 우리가 지구에 붙어 있을 수 있는 이유도 바로 이 중력 덕분이거든. 행성들은 태양의 중력에 이끌려 태양 주위를 돌아. 만약 태양이 없었다면 태양계의 행성들은 다 뿔뿔이 흩어지고 말 거야.

태양계란 태양의 중력의 영향을 받는 구역을 말한다.

가장 크고 무거우니까 '태양'계

　태양계의 첫 번째 주인공은 태양이겠지만 주인공만으로 이야기를 만들 수는 없지. 실제로 태양계에는 태양 말고도 다른 조연들이 있어. 태양과 그 영향을 받는 행성 및 수많은 왜행성, 혜성, 소행성 등을 모두 합쳐 태양계라고 부르는 것이거든. 이들은 모두 태양 주위를 빙빙 돌고 있어. 그리고 이 많은 태양계 구성원 중에서 스스로 빛나는 것은 태양뿐이야. 태양계에서는 태양만 별이거든. 나머지는 전부 태양 빛을 반사시켜서 빛나는 것이지. 즉 태양이 없으면 태양계 그 어디에도 빛이 존재할 수 없는 거야.

　그러면 왜 태양계 구성원들은 태양 주위를 빙빙 도는 걸까? 그건 태양의 크기가 어마어마하게 크기 때문이야. 태양은 우리가 보기엔 달과 비슷한 크기로 보이지만 달과 비교하는 게 미안할 정도로 크지. 뭐, 간단하게 말하면 태양계에서 가장 큰 존재야. 다만 너무 멀리 떨어져 있어서 작아 보이는 것뿐이지. 세상에서 가장 빠르다는 빛도 태양까지 가려면 무려 8분 30초나 걸

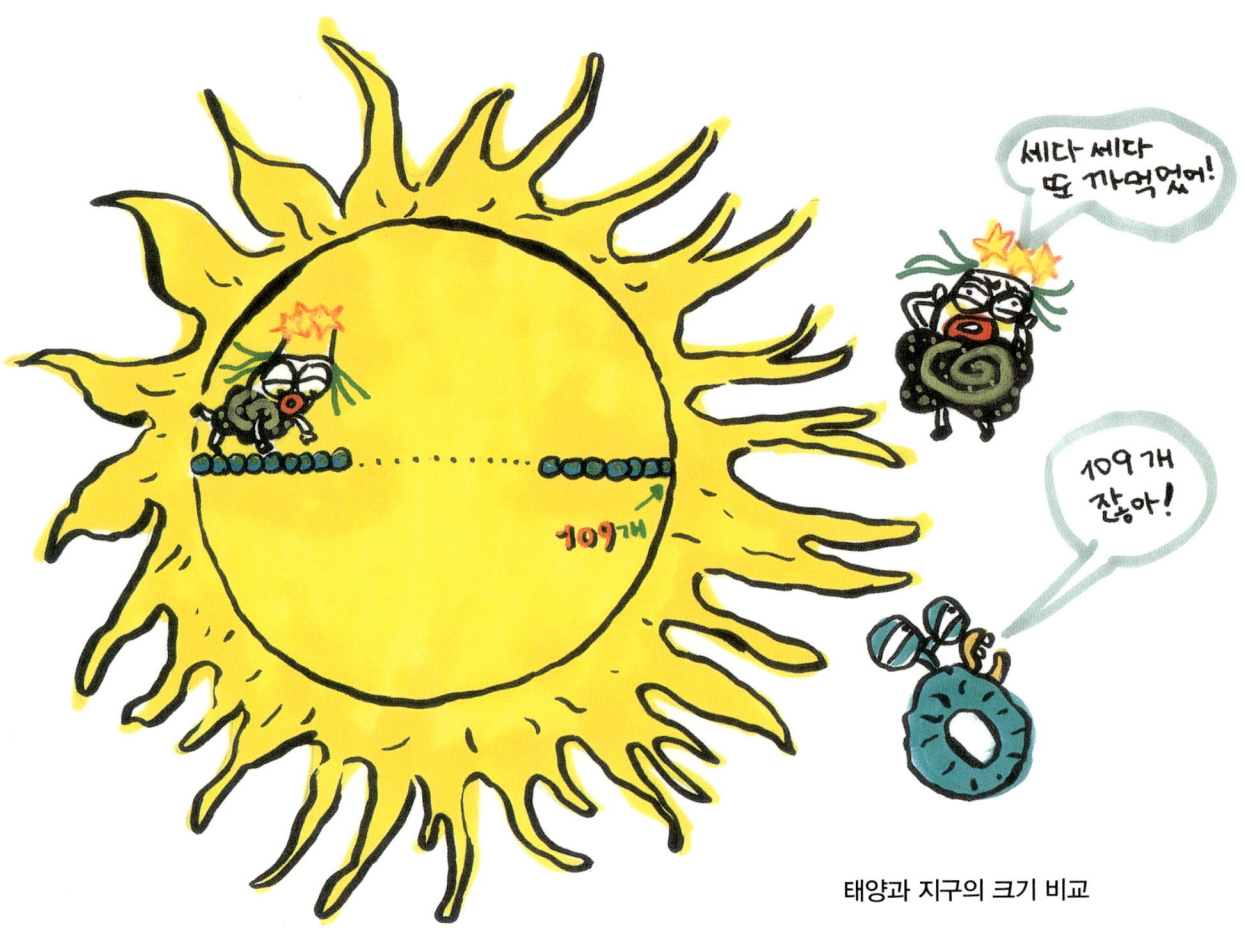

태양과 지구의 크기 비교

리는 거리에 있으니까.

 태양이 얼마나 큰지 지구랑 비교해 볼까? 우선 태양의 지름은 139만 킬로미터 정도야. 감이 안 오지? 지구 109개를 일렬로 쭉 늘어놓으면 대충 비슷한 길이가 나와. 만약 태양 속을 지구로 꽉 채운다면 지구 130만 개 정도가 필요해. 상상이 가니?

 크기가 큰 만큼 질량도 엄청나겠지? 지구로 태양의 질량을 만들기 위해서는 지구를 33만 개나 모아야 해. 태양의 질량을 킬로그램으로 나타내면 1989에 0을 30개나 더 붙여야 해. 너무 길어서 쓰기도 힘들어. 그나마 태양은 대부분 수소와 헬륨이라는 가벼운 기체로 되어 있어서 크기에 비해 가벼운 편이라고.

이렇게 태양은 태양계 누구보다 크고 무거워. 가장 큰 행성이라는 목성도 태양에 비하면 아무것도 아니지. 그런데 중력은 질량에 비례해서 커진단다. 그래서 태양은 태양계에서 가장 강한 중력을 가지고, 태양계의 모든 구성원들을 중력으로 지배하게 되는 것이지.

태양과 지구의 질량 비교

질량과 무게는 어떻게 다를까?

질량이란 어떤 물체에 포함된 물질의 양으로 장소나 상태에 따라 바뀌지 않는다. 무게는 질량과 비슷한 개념이지만 중력의 크기에 따라 바뀐다는 점에서 질량과 다르다. 질량과 무게의 단위는 비슷하지만 무게의 단위는 뒤에 '중'을 붙이는 것이 정확한 표현이다. 예를 들어 지구에서 60킬로그램인 사람이 달에 가면 10킬로그램이 된다는 것은 무게의 개념이다. 질량은 여전히 60킬로그램이며 위의 문장에서는 60킬로그램중, 10킬로그램중이라고 써야 옳은 표현이다.

태양은 태양계에서 가장 크고 무겁고 중력도 가장 세다. 그것도 압도적으로!

불타는 태양

앞에서 이야기한 태양의 나이 기억나니? 무려 46억 년이나 되었어. 그 오랜 시간 동안 어떻게 탈 수 있을까? 태양이 너무 너무 크기 때문에 그렇게 오래 탈 수 있지 않느냐고? 예전에도 같은 생각을 한 사람들이 있었어. 옛날 사람들은 태양이 아주 커다란 석탄 덩어리라고 생각하기도 했거든. 그런데 계산을 해 보면 석탄이 탄다고 해도 그렇게 오랫동안 탈 수는 없어. 태양은 사실 타는 것이 아니라 '핵융합'으로 에너지를 만들어 내는 것이야. 밤하늘에 빛나는 별들 모두 그렇게 에너지를 만들어. 그래, 태양도 별이란다.

빛나는 모든 별들은 핵융합을 하고 있어. 핵융합이란 수소를 헬륨으로 만드는 일이야. 정확하게 말하면 '수소핵'끼리 결합해서 '헬륨핵'이 되는 거야. 그래서 이걸 '핵융합'이라고 부르지. 태양에서도 같은 일이 일어나는 중이야. 조금 쉽게 표현하면 수소 폭탄이 계속 터지는 것과 같은 거야.

핵융합에는 엄청난 에너지가 발생해. 태양 안에서는 이 에너지가 열에너지로 바뀐단다. 그래서 태양은 굉장히 뜨거워. 우리가 태양에 온도계를 가져가서 잴 수 있다면 약 섭씨 6000도라는 엄청난 온도를 보게 될 거야. 하지만 사실 태양에게 섭씨 6000도 정도는 아무것도 아니야. 태양의 중심에 있는 핵의 온도는 무려 섭씨 1500만 도에 달하거든. 물론 우리가 거기까지 들어갈 일이나 방법은 없으니 너무 걱정하진 말라고.

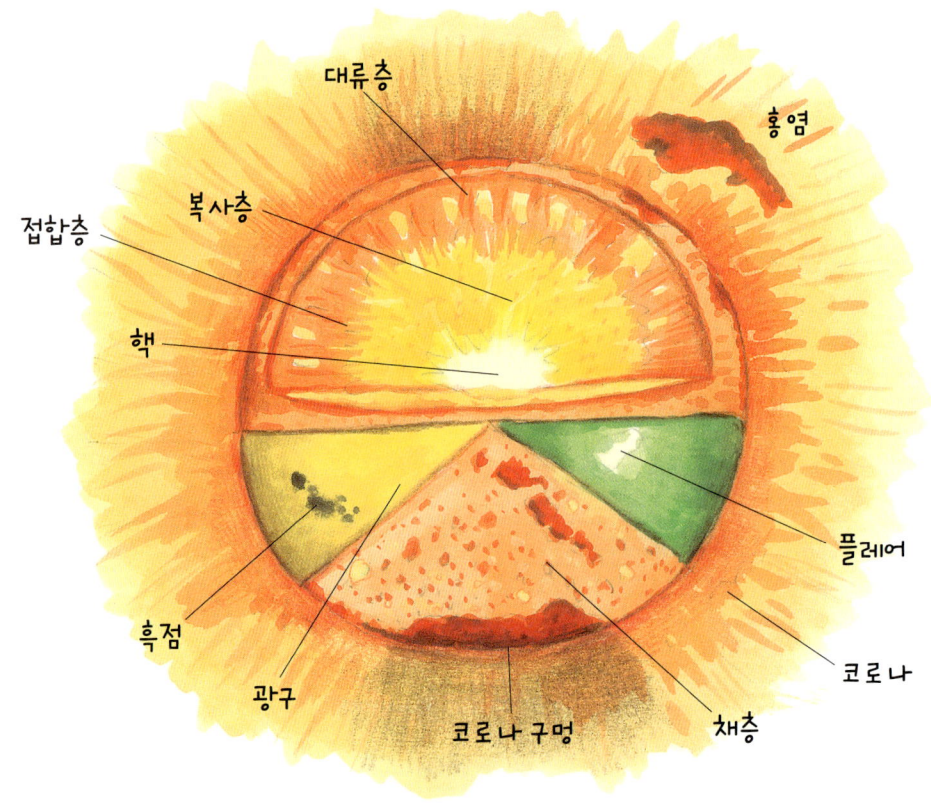

태양의 구조

수소핵융합

수소핵(=양성자) 4개가 모여서 헬륨핵이 된다. 이때 2개의 양성자는 +전기를 잃고 중성자가 되기 때문에 헬륨핵은 양성자 2개, 중성자 2개를 갖게 된다. 핵융합 전체 과정에서 질량이 줄어드는데 이것이 에너지, 즉 빛과 열의 형태로 바뀌어 나타난다.

그런데 태양에 핵이 있다니! 그럼 태양은 그냥 수소와 헬륨 덩어리가 아니라는 거, 짐작할 수 있지? 태양은 여러 겹의 구조로 되어 있어. 그중 우리가 볼 수 있는 것은 표면뿐인 것이지. 우리는 태양의 내부를 직접 볼 수는 없지만 관측을 통해서 예상을 할 수 있어. 또 빛나는 표면뿐만 아니라 안 보이는 안쪽에서도 지구에 많은 영향을 주기 때문에 과학자들은 태양을 계속해서 연구하고 있단다.

> 태양은 중심에서 일어나는 핵융합을 통해서 빛과 열을 낸다.

꼭 기억하기

태양의 비밀은 검은 점을 보면 풀 수 있다

맨눈으로 볼 때와 달리 태양을 망원경으로 관측하면 표면에 검은 점들이 있는 것을 볼 수 있어. 검은 점이라서 흑점이라고 불러. 흑점이 검게 보이는 이유는 주변보다 온도가 조금 낮기 때문이야. 대략 섭씨 4000도에서 4500도 정도야. 물체는 온도가 높을수록 밝은 빛을 내는데 사실 이 정도 온도면 밝기도 엄청나지. 하지만 주변보다는 낮으니까 어두워 보이는 거야. 서로 비교당하는 건 우리나 우주나 다를 게 없다, 그렇지?

비교당했다고 주눅 들 필요 없어! 각자의 존재 이유는 다르니까. 흑점도 허투루 그냥 점이라고 볼 게 아니야. 흑점을 통해서 우리는 태양에 관한 많은 정보를 얻을 수 있거든.

> **태양의 자기장**
>
> 자기장이란 자석의 힘이 미치는 공간을 의미하는데, 자석이 가까이만 있어도 쇠붙이가 끌려오는 것을 통해 알 수 있다. 자기장은 전류가 흐르는 전류 주위에도 형성된다. 이 때문에 전기나 통신 제품 주위에 강한 자석이 있으면 방해를 받는 현상이 생긴다.
> 태양이나 지구는 내부에서 자기장을 만들어 낸다. 태양의 경우 내부 활동에 따라 자기장의 세기가 바뀌게 되고 이것이 지구에 영향을 주는 것이다.

천체란 무엇일까?

천체는 하늘의 물체라는 뜻으로 지구가 아닌 우주의 물체 즉 해, 달, 별, 행성, 왜행성 등의 것들뿐 아니라 운석이나 성운 같은 것을 의미한다. 이 중에는 아주 작은 먼지 같은 것들도 있다. 그렇다면 지구는 천체일까? 아쉽게도 지구는 우주 속 물체이기는 하지만 천체로 취급하지 않는다. 그에 비해 인공위성은 인공 천체로 구분한다.

우선 흑점의 움직임을 통해 태양이 자전하고 있다는 걸 알 수 있어. 자전은 어떤 천체가 내부의 축을 중심으로 한 바퀴 도는 것을 뜻해. 움직이는 흑점이 다시 처음 자리로 돌아오는 걸 관측할 수 있거든. 태양의 자전 주기는 약 27일이야. 우리는 자전에 걸리는 시간을 하루라고 하는데 지구에서는 24시간이 하루이지만 태양에서는 27일이 하루인 셈이지.

흑점의 가장 중요한 역할은 따로 있어. 태양이 활발하게 활동하면 흑점이 많아져. 우리 지구는 태양의 영향을 많이 받는다고

지구에서 본 태양의 흑점
흑점은 태양의 자전에 따라 이동하는데 위도에 따라 이동하는 속도의 차이가 생긴다. 극지방에 해당하는 고위도는 느리게, 적도에 해당하는 저위도는 빠르게 움직인다.

했잖아. 그중 태양의 자기장 때문에 많은 일들이 벌어지지. 태양의 자기장이 활발해지면 지구에서는 그 때문에 통신이 끊기거나 전자 제품이 고장 날 수도 있거든. 그래서 과학자들은 흑점의 상태를 관찰하고 있단다.

사라진 태양? 일식

　2017년 8월 21일, 수많은 사람들이 미국의 오리건주로 몰려들었어. 사람들은 시커멓게 보이는 안경을 쓰고, 특수한 렌즈를 사용한 카메라와 망원경으로 연신 하늘을 올려다보았지. 그런데 아직 아침인데도 세상이 다시 어두컴컴해졌어. 도대체 무슨 일이 일어난 것이지?

　이건 최근에 있었던 개기 일식 때 일이야. 거의 100년 만에 미국 땅을 관통하는 개기 일식이었지. 그래서 이 소식에 사람들이 일식이 처음으로 보인다는 오리건주로 모여들었던 거야. 그런데 일식은 어떻게 일어나는 걸까?

　지구가 태양 주위를 돌고 있다면 달은 지구 주위를 돌고 있어. 그런데 어느 순간 지구, 달, 태양이 일직선으로 되면 달이 태양을 가리게 되지. 그러면 지구에서는 어떻게 되겠어? 태양이 보이지 않겠지? 그중에서도 달이 태양을 완전히 가리면 개기 일식, 일부분만 가리면 부분 일식이라고 해. 가끔 태양이 반지 모양으로 가장자리만 보이게 되는 경우도 있는데 이건 금환

식이라고 하지. 금환은 금반지라는 뜻이야.

　개기 일식이 일어나면 태양의 가장자리에 있는 코로나를 볼 수 있어. 우리가 태양을 그릴 때 사자 갈기처럼 그리는 부분 말이야. 또 평소에는 태양 때문에 볼 수 없었던 낮에 뜬 별들도 볼 수 있지.

　일식과 비슷하게 월식도 있어. 이건 달, 지구, 태양 순서가 되어서 지구의 그림자가 달을 가리는 현상이지. 그러면 태양처럼 달이 보이지 않게 된단다. 하지만 개기 월식 때는 달이 완전히 사라지지 않고 붉은색 보름달로 보인단다. 지구의 대기 때문에 생기는 현상인데 신기하지?

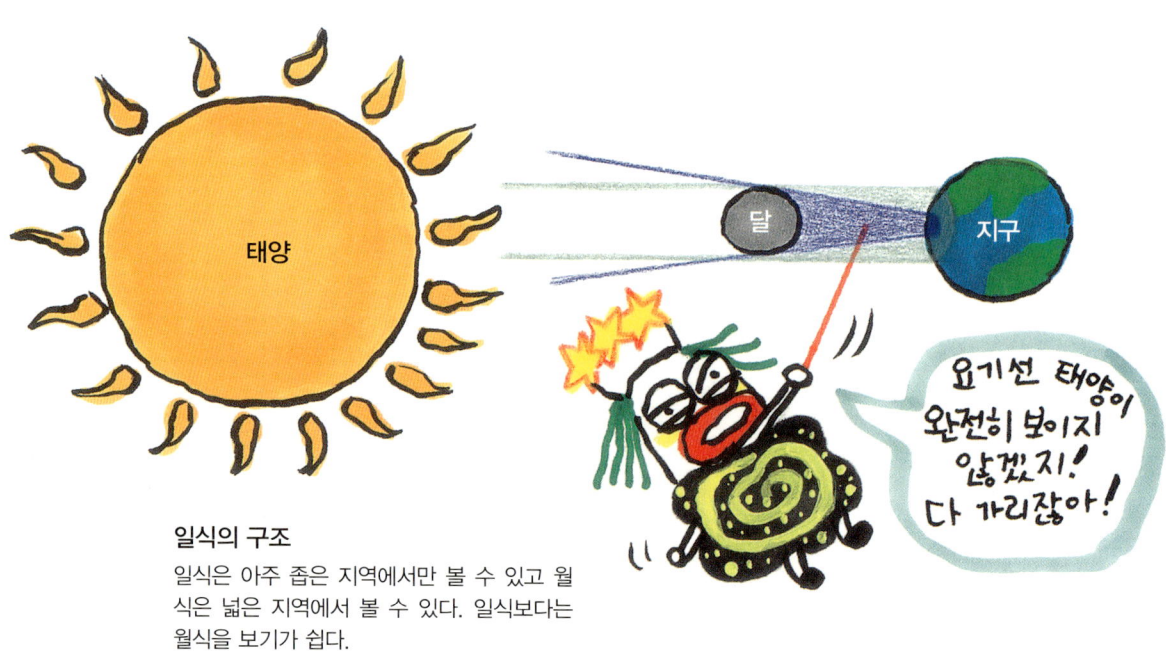

일식의 구조
일식은 아주 좁은 지역에서만 볼 수 있고 월식은 넓은 지역에서 볼 수 있다. 일식보다는 월식을 보기가 쉽다.

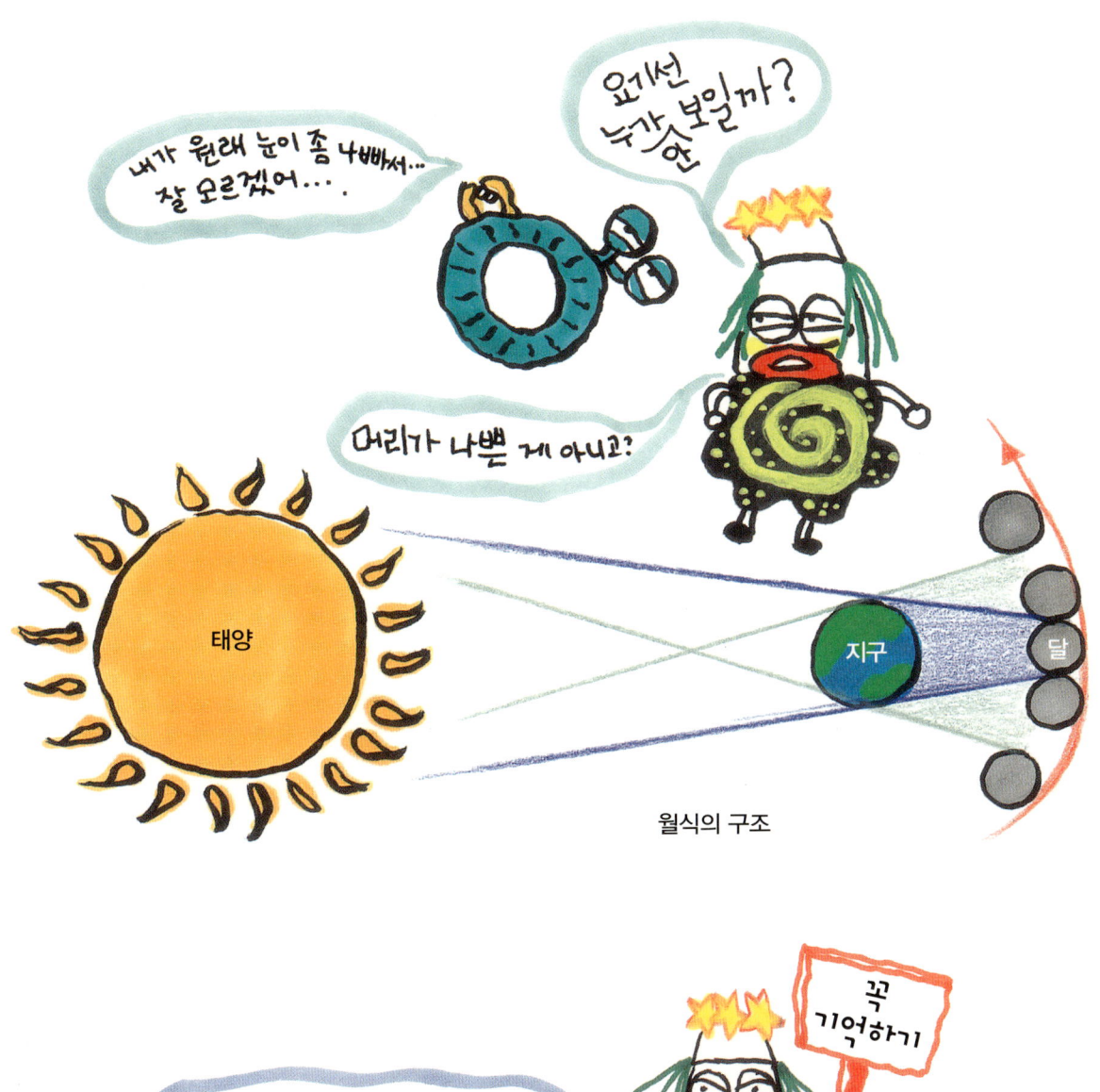

월식의 구조

태양계가 사라진다고?

만약 태양이 없어진다면 태양계는 존재하지 못해. 지구에 사는 우리로서는 태양이 없는 생활은 상상할 수도 없지. 하지만 다른 별들과 마찬가지로 태양도 수명이 정해져 있어. 언젠가는

사라지고 만다는 것이지. 커다란 별들은 화려하게 터져서 죽지만 태양 정도의 질량이 작은 별은 사라지는 모습이 좀 달라. 그렇다면 우리에게 남은 시간은 얼마나 될까?

우선 알아야 할 것이 태양의 모습과 수명을 결정하는 것은 태양의 질량이라는 거야. 크고 무거운 별은 수명이 짧아. 반대로 질량이 작을수록 별은 오래 살 수 있어. 태양은 그리 큰 별이 아니라 제법 수명이 길지. 태양의 기대 수명을 생각한다면 다행히 아직은 젊다고 할 수 있어. 앞으로 50억 년 정도는 지금과 비슷하다고 해. 그러나 그 후의 태양은 우리가 아는 모습이 아니야.

태양이 빛을 내는 이유는 중심에서 핵융합을 하기 때문이라고 했지. 핵융합의 가장 중요한 재료는 수소였고. 그런데 태양이 핵융합을 계속하다 보면 결국 재료가 떨어지고 말 거야. 사용할 수 있는 수소를 전부 사용하고 나면 수소 대신 헬륨으로 핵융합을 해.

그런데 그 단계에 가면 태양은 변신을 하게 된단다. 노랗고 작은 태양이 붉고 거대한 모습이 되어 버려. 붉은색의 거인 별이라는 뜻으로 '적색거성'이라고 불러. 간단하게 말하면 태양이 부풀어 오르는 거야. 그러면서 표면의 온도가 떨어져서 붉은색이 되는 것이지. 온도가 떨어진다고 해도 섭씨 3000도쯤 되니까 얕보면 안 된단다. 적색거성이 되는 태양은 엄청나게 부풀어서 결국 지구까지 삼켜 버릴 것이거든. 그러면 지구의 모든 것은 불타 버리겠지. 어쩌면 지구가 그대로 사라져 버릴 수도 있어.

적색거성과 태양의 크기 비교

적색거성은 지금의 태양과 달리 불안정한 상태야. 커졌다 작아졌다, 뜨거워졌다 식었다를 반복하지. 그러다 보면 태양의 바깥쪽은 결국 태양에서 떨어져서 우주로 날아가게 된단다. 더 많은 시간이 지나면 태양의 중심 부분에 지구만한 크기의 별만 남아 있어. 태양의 중심핵인 것이지. 이 부분은 굉장히 뜨겁고 하얀 빛을 내뿜지. 작고 하얗다고 해서 '백색왜성'이라 불러. 다시 오랜 시간이 지나 200억 년쯤 지나면 다 식어서 빛도 나지 않는 '흑색왜성'이 되어 버려. 그러면 태양계가 있던 자리에는 진짜 어둠만 남겠지. 살아남은 행성들도 어둡고 꽁꽁 언 채로 남아 태양을 떠나 우주를 떠돌 거야.

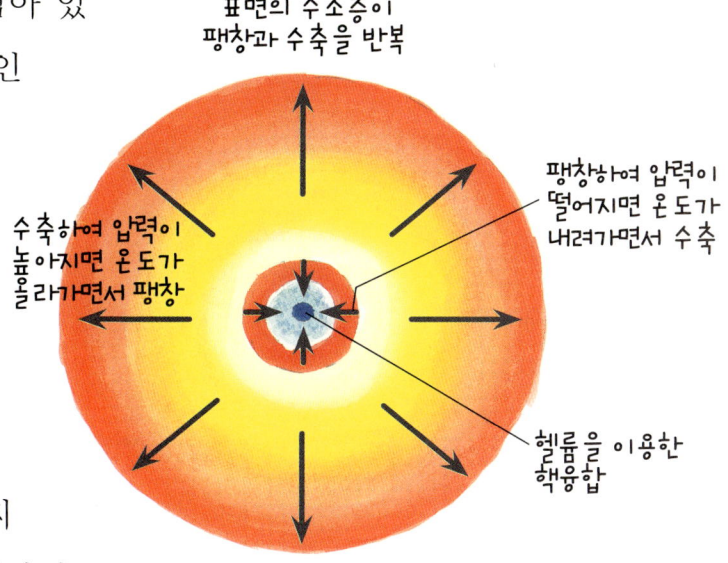

적색거성의 내부

수십억 년 뒤 태양이 없어지면 태양계도 끝!

천상의 커튼 오로라

태양은 항상 똑같이 빛나는 것처럼 보이지만 사실 그렇지 않아. 11년 정도의 주기를 가지고 강해졌다 약해졌다 하지. 태양의 활동이 강해지면 자기장이 강해져. 그런데 태양의 자기장이 강해지면 지구의 통신과 전기에 문제가 생긴다고 했지? 그건 태양에서 불어오는 바람, 즉 태양풍 속에 들어 있는 전기나 자기를 띤 입자들 때문이야. 태양풍이 강해지면 이런 입자도 많아지거든. 그런데 태양풍이 강해지면 나쁜 일만 있는 것은 아니야.

혹시 오로라라고 들어 본 적 있니? 태양풍에 있는 입자들이 지구의 대기와 만나면서 생기는 현상이야. 빛나는 커튼 같은 모양으로 흔들리며 하늘을 여러 색으로 물들이지. 그런데 오로라는 극지방 근처에서만 볼 수 있어. 일부러 오로라를 보러 극지방으로 여행을 가는 사람도 있을 정도야. 왜 오로라는 극지방 근처에서만 볼 수 있는 것일까?

우리는 느끼지 못하지만 사실 지구는 대기와 자기장으로 무장하고 외계의 물질로부터 스스로를 보호하고 있어. 이 중에서 자기장은 전기나 자기를 띤 입자를 막는 역할을 하지. 그런데 자기장의 모양을 보면 극지방은 얇고 적도 쪽이 더 넓은 모양이야. 그러다 보니 극지방으로만 입자들이 들어올 수 있는 확률이 높아지게 되는 거야. 그런 입자들이 대기를 이루는 기체 분자들과 만나면 여러 가지 색이 되고 오로라가 되는 것이지. 예를 들어 빨간색과 녹색은 산소가, 분홍색과 보라색은 질소가 만들어 내는 색이라고 해. 오로라에서 가장 많이 보이는 것은 산소로 인하여 만들어지는 녹색이야. 혹시라도 오로라를 볼 수 있게 된다면 이런 것을 한번쯤 기억해 봐도 좋지 않을까?

지구 자기장의 모습

2장
행성, 왜행성, 소행성, 혜성

밤하늘의 떠돌이, 행성

 태양계 가운데서 번쩍번쩍 빛나고 있는 태양을 제외하고 나머지 중에서 가장 눈에 띄는 것은 누구일까? 아마 행성이라고 할 수 있을 거야. 태양계에는 우리가 살고 있는 지구를 포함해서 8개의 행성이 있어.

 수성, 금성, 지구, 화성, 목성, 토성, 천왕성, 해왕성. 이 여덟 행성은 나란히 태양 주위를 돌고 있지. 하지만 행성을 구성하는 물질과 크기는 제각각이야. 그중엔 지구와 금성, 천왕성과 해왕성처럼 비슷한 재료와 크기의 행성도 있긴 하단다. 어떻게 보면 닮았고, 어떻게 보면 다른 행성들은 무엇을 기준으로 나누는지 궁금하지 않니? 한번 자세히 알아볼까?

 8개의 행성은 구성 성분에 따라 크게 두 가지로 나눌 수 있지. 지구형 행성과 목성형 행성이야. 표면이 딱딱한 암석으로 만들어진 것을 지구형 행성, 표면이 기체로 된 것은 목성형 행성이라고 불러. 지구형 행성에는 지구와 수성, 금성, 화성이 있어. 목성형 행성에는 목성, 토성, 천왕성, 해왕성이 있지. 왜 지구와 목성이 대표 주자가 되었냐고? 각각의 무리 중에서 크기가 가장 큰 행성이기 때문이지.

　기체로 이루어진 목성형 행성들은 다시 또 분류가 가능해. 목성형 행성은 표면 기체가 얼어 있느냐 아니냐로 나눌 수 있어. 목성과 토성은 수소와 헬륨으로 이루어진 가스 행성이야. 천왕성과 해왕성은 겉은 수소이지만 조금만 안으로 들어가면 물질들이 얼음처럼 얼어 있어. 그래서 얼음 행성이라고 부르기도 해.

　태양과의 거리를 기준으로 내행성과 외행성으로 나누기도 해. 이때 기준이 되는 행성은 무엇일까? 그건 바로 우리가 사는 지구야. 지구보다 안쪽에 있으면 내행성, 지구보다 밖에 있으면 외행성이라고 불러. 내행성은 수성과 금성, 두 개가 있고, 외행성은 화성, 목성, 토성, 천왕성, 해왕성까지 모두 다섯 개야.

　내행성들은 태양과 가깝기 때문에 상당히 뜨거워. 그리고 위성을 갖고 있지 않아. 태양이 가까이에 있다는 건 그만큼 태양

지구형 행성에는 수성, 금성, 지구, 화성이 있다.

목성형 행성에는 목성, 토성, 천왕성, 해왕성이 있다.

으로부터 받는 중력이 강하다는 거겠지? 위성을 갖고 싶어도 수성이나 금성의 중력보다 강한 태양의 중력이 방해해서 위성을 잡을 수가 없단다. 반대로 외행성들은 차가워. 태양에서 멀어질수록 행성의 온도는 점점 더 많이 떨어지지. 태양과 거리가 있기 때문에 외행성들은 모두 위성을 갖고 있단다.

밤하늘을 올려다보면 반짝이는 별들을 많이 볼 수 있지. 그중에서 가장 빛나는 별은 사실 별이 아니라 행성인 경우도 많아. 하지만 맨눈으로 밤하늘을 바라보는 사람들은 저 멀리 반짝이는 것이 별인지 행성인지 알 수는 없지. 행성은 스스로 빛을 내지는 못하지만 지구와의 거리가 워낙 가까운 탓에 훨씬 밝게 보인단다. 그래서 옛날부터 밤하늘을 바라보는 사람들의 시선을 끌곤 했지. 게다가 행성은 별들과 다르게 거꾸로 움직이는 때도 있기 때문에 더 눈에 띄었어. 사실 '행성'이라는 이름도 떠돌이별, 돌아다니는 별이라는 뜻에서 붙은 것이거든. 동서양을 막론하고 행성 하나하나의 이름도 의미를 부여해서 지었지. 태양계 행성을 차례대로 들여다볼까?

꼭 기억하기

행성은 구성 성분에 따라 암석으로 이루어진 지구형 행성과 기체로 된 목성형 행성으로 나눌 수 있고, 태양과의 거리에 따라 내행성과 외행성으로 나눌 수 있다.

가장 작지만 밝은 수성

수성

행성들이 태양 주위를 뱅뱅 돌고 있다는 사실은 이제 모두 알지? 그럼 태양과 가장 가까이에 있는 행성은 무엇일까? 바로 수성이야. 수성은 태양과의 거리가 가까운 것에서 일등이잖아? 이 점 때문에 또 다른 것에서도 일등을 할 수 있었어. 바로 크기지.

수성은 행성 중에서 크기가 가장 작아. 달보다 조금 큰 정도지. 수성은 태양과 너무 가까운 곳에 생기게 되면서 많은 물질을 모을 수가 없었어. 이미 태양이 만들어질 때 주변의 대부분 물질을 다 써 버렸으니까. 그래도 하늘에서 수성 정도면 별 중에서는 가장 밝은 축에 들지. 태양 바로 옆에 붙어서 뜨기 때문에 태양 빛에 가려서 잘 보이지 않긴 하지만 말이야.

크기가 작고 태양의 바로 옆에 있는 까닭에 수성엔 대기라고 할 만한 것이 없어. 그래서 낮과 밤의 온도 변화가 심하단다. 낮

부분은 섭씨 400도 넘게 올라가고 밤 부분은 섭씨 영하 180도까지도 내려가.

수성은 대기도 없고, 온도 변화도 심하고, 심지어 표면에 운석 구덩이도 많았어! 달이랑 비슷하지? 둘은 이렇게 비슷한 부분도 있지만 차이도 있어.

우선 수성의 운석 구덩이가 달보다 적어. 적은 이유는 이번에도 가까이에 있는 태양이 원인이었지, 뭐. 수성은 태양의 열 때문에 다른 행성보다 빨리 식지 못했어. 그러다 보니 지표 밑에 녹아 있던 마그마가 지표로 올라와 구덩이를 메우는 역할을 했거든. 이러니 아무래도 달보다 매끈해진 것이지. 또 수성에는 자기장이 있어. 아주아주 약해서 지구 자기장의 100분의 1도 안 되긴 하지만 말이야.

꼭 기억하기

수성은 태양에서 가장 가까운 행성이며 가장 작은 행성이다.

아름다운 금성

금성

밤하늘에서 가장 밝은 별은 무엇일까? 바로 금성이야. 사실 금성은 행성이니까 진짜 별은 아니지만 그걸 몰랐던 옛날 사람들은 금성이 가장 밝은 별이라고 생각했지. 그래서인지 이름도 많아. 샛별, 개밥바라기, 태백성, 계명성, 명성, 어둠별, 모두 금성의 다른 이름이지. 금성이 반짝이는 모습은 동서양을 막론하고 모든 사람들의 눈에 예쁘게 보이나 봐. 서양에서는 미의 여신 '비너스'의 이름을 따다 붙였잖아.

금성은 지구와 가장 가까운 행성이기도 해. 멀리서 겉모습만 본다면 금성과 지구를 쌍둥이라고 생각할 정도로 닮았어. 하지만 속을 들여다보면 천국과 지옥 수준으로 다르단다.

금성은 지구처럼 대기가 있어. 하지만 이 대기의 성분이 다르단 말씀. 바로 온실가스의 대표주자 이산화탄소지. 양도 어찌나 많은지 아주 두꺼운 솜이불을 뒤집어 쓴 것 같아. 덕분에 금성

의 기온은 약 섭씨 450도 정도나 된다고 해. 수성이 밤이 되면 온도가 엄청나게 내려가는 것과 달리 금성은 거의 변화도 없어. 밤낮으로 이렇게 뜨거운데 무시무시한 비도 내려. 만약 금성에서 비를 맞았다가는 화상이 생기고, 피부가 녹아 버릴 거야. 금성의 비는 물이 아닌 황산으로 되어 있거든. 아주 강력한 산성 비란 얘기지.

이런 환경 때문에 금성을 탐사하는 건 무척이나 어려운 일이란다. 금성 표면에 탐사선을 보내고 싶어도, 구름과 대기에 가려져서 잘 보이지 않아. 게다가 높은 기압과 기온, 황산 비 때문에 탐사선이 버티기 어려워.

이러지도 저러지도 못하던 과학자들은 전파를 사용해서 금성의 표면을 관찰했어. 마치 우리가 병원에서 엑스선 사진을 찍는 것처럼 말이야. 이러한 노력 끝에 본 금성의 표면은 지구와 비슷한 부분들이 많았어. 산맥, 계곡, 평지에, 운석 구덩이도 있었어. 하지만 너무 뜨거운 만큼 액체 상태의 물은 없었지.

금성과 지구가 다른 점은 또 있어. 금성을 제외한 태양계의 모든 행성들은 해가 동쪽에서 뜬단다. 전부 같은 방향으로 공전과 자전을 하고 있다는 것이지. 그런데 금성만 자전 방향이 반대야. 금성은 태양계에서 혼자 동쪽에서 서쪽으로 자전을 하고 있어. 그리고 지구와 달리 자기장이 없다고 해.

하지만 금성과 지구를 알맹이만 쏙 빼서 본다면 지구와 금성은 쌍둥이가 맞을 거야. 크기와 질량, 밀도가 거의 비슷하지. 내부 구조를 볼 수는 없지만 그 역시 비슷할 것이라고 생각되고 있어. 금성과 지구를 보고 있으면 마치 정반대로 행동하는 쌍둥이를 보는 것 같지? 그럼 이제 금성의 쌍둥이이자 우리가 사는 행성인 지구로 가 볼까?

태양계 두 번째 행성인 금성은 가장 밝은 행성으로 지구와 비슷해 보이지만 생물이 살 수 없는 행성이다.

지구라는 행운

넓고 넓은 우주에서도 엄청난 우연과 행운이 겹친 곳이 있어. 거기가 어디냐고? 매우 가까운 곳이야. 푸른색과 흰색이 어우러진 곳, 계절에 따라 색색이 바뀌는 곳, 근처에서 유일하게 생명체가 살고 있는 곳. 이쯤이면 눈치챘지? 바로 우리가 살고 있는 지구야. 어떤 일이 있어서 지구는 행운의 행성이 된 것일까?

지구

지구가 행운의 행성이 된 가장 중요한 건 바로 위치 때문이야. 지구는 태양에서 세 번째 자리에 있는 행성이야. 태양에서 너무 멀지도 가깝지도 않은 거리지. 덕분에 무거운 물질들이 모여서 단단한 지구를 만들었어. 그 크기도 대기를 갖기에 적당히 컸지. 크기가 너무 작으면 중력도 작아지니까 대기가 없을 수도 있거든. 또 이 거리는 생물이 살기에 적당한 온도가 유지될 수 있는 거리야. 특히 물이 있다는 점에서 말이야. 태양계에서 액

47

대기

대기란 천체의 중력에 의하여 천체 주위를 둘러싸고 있는 기체를 말한다. 대기의 성분은 행성마다 다르다. 지구의 대기는 질소가 78퍼센트 산소가 21퍼센트이고 나머지 1퍼센트가 아르곤, 이산화탄소, 수증기 등으로 이루어져 있다. 같은 행성이라 해도 높이에 따라 성분과 밀도가 달라진다.

체 상태의 물이 이렇게 많이 존재하는 곳은 지구뿐이거든. 조금만 더 멀거나 가까웠으면 물은 얼거나 전부 끓어 버렸을지도 몰라.

지구의 행운은 이것뿐이 아니었어. 지구가 지금 같은 모습을 하게 된 데에는 태양 말고도 꼭 필요한 존재가 하나 더 있거든. 바로 달이야. 밤하늘에 보이는 그 달 말이야.

달은 지구의 중력에 이끌려서 지구 주위를 돌아. 태양과 지구의 관계와 똑같지. 별의 주위를 도는 것을 행성이라고 한다면

행성의 주위를 도는 것은 위성이라고 해. 즉, 달은 지구의 위성이야.

달은 지구보다 작지만 지구에게 많은 영향을 끼치고 있어. 땅 지(地)에 공 구(球) 자를 쓰지만 땅보다 바다가 두 배는 더 넓은 지구잖아. 게다가 최초의 생명도 바다에서 태어났고. 지구에게 바다는 무척 중요한데, 바로 달이 지구의 바다에서 밀물과 썰물을 만들어 내고 있다는 사실! 자전하는 지구의 중심축이 흔들리지 않게 하는 것도 달이 하는 일이야. 우주 저편에서 날아오는 운석을 막기도 하지. 덕분에 지구는 생물이 나타나고 진화하기에 적합한 환경이 유지되고 있지.

태양과의 알맞은 거리, 달이라는 위성의 존재, 이러한 행운이 겹쳐서 생겨난 지구에서 태어난 우리는 그래서 더 특별한 존재라고.

지구는 태양계의 세 번째 행성이며 달은 지구 주위를 도는 지구의 위성이다.

꼭 기억하기

붉은 행성, 화성

화성

〈마션〉이라는 영화를 본 적 있니? 사고로 화성에 남겨진 우주인이 살아남아 지구로 돌아가기 위해 노력하는 내용이지. 실제로 인류가 지구를 떠나야 한다면 그 연습지로 생각되는 곳이 화성이야. 밤하늘에서 유난히 붉은색으로 빛나는 이 행성의 어떤 점이 이런 생각을 하게 했을까?

화성은 지구와 비슷한 점이 많아. 화성의 자전 주기, 다시 말해 화성의 하루는 지구와 비슷한 길이야. 지구보다 30분 정도 더 길지. 화성의 공전 주기, 즉 1년은 지구의 1.8년이고. 또 화성의 자전축은 지구와 비슷한 정도로 기울어져서 계절의 변화도 존재하지. 이산화탄소로 된 것이지만 옅은 대기가 있어서 바람이 불고 말이야. 바람 때문에 표면의 모습이 변하니까 옛날엔 화성에 외계인이 살면서 화성의 겉모습을 바꾸는 것이라고 생각하는 사람도 있었어.

화성의 올림푸스 화산과 지구의 에베레스트, 마우나케아 화산의 비교
에베레스트 산은 지구에서 가장 높은 산이다. 마우나케아는 하와이 섬에 있는 화산으로 바다 위로 나온 부분의 높이는 4,207미터이지만 실제 산의 시작인 해저부터 재면 10,203미터이다. 그럼에도 화성의 올림푸스 화산과는 높이나 너비 면에서 비교가 되지 않는다.

화성은 지구의 절반 정도밖에 안 되는 작은 행성이야. 그런데 태양계에서 가장 큰 화산은 화성에 있단다. 올림푸스 화산이라고 하는데 지구에서 가장 높은 에베레스트 산의 세 배 정도 높이야. 게다가 아직도 커지고 있지. 포보스, 데이모스라는 감자처럼 생긴 작은 달도 두 개나 있어.

그런데 화성은 왜

포보스

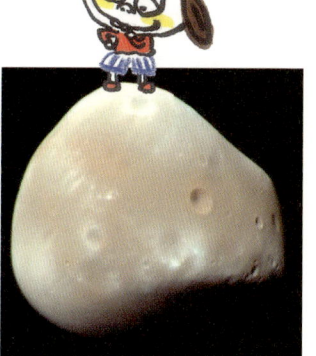

데이모스

그렇게 빨간색일까? 그건 화성 표면에 있는 철 성분 때문이야. 화성의 흙은 산화철, 즉 녹슨 철 성분이 많이 있거든. 지구에서도 철이 녹슬면 붉은색을 띠잖아. 산화철 성분의 먼지들이 화성 전체를 뒤덮고 있기 때문에 화성이 붉은색으로 보이는 거야.

화성은 사람이 살기에는 지구에서 너무 먼 데다 춥고, 물도 산소도 거의 없지만 그나마 지구와 비슷하다고 할 수 있을 거야. 언젠가 지구를 떠나야 하는 순간이 온다면 그 연습 장소로 화성을 가 보는 것도 나쁘진 않을 거야.

태양계 네 번째 행성인 화성은 붉은색을 띠고 있으며 지구처럼 계절이 존재한다.

태양계 행성 중 가장 큰 목성

화성을 지나서 만나는 행성은 지금까지와는 완전히 다른 행성이야. 규모부터 비교가 안 되거든. 바로 목성이야. 목성은 진짜 크고 무거워. 목성을 뺀 태양계 행성을 몽땅 합쳐서 저울에 올려놓아도 목성 하나를 못 이긴다니까. 하지만 이 무게는 태양에 비하면 1000분의 1 수준이란다.

목성

만약 목성이 조금만 더 무거웠으면 태양처럼 핵융합을 시작했을 수도 있어. 그랬으면 지구는 두 개의 태양 사이에서 불바다가 되었을 테니 지금 같은 것이 참 다행이지.

목성은 구성 성분도 태양과 비슷해. 주로 수소와 헬륨으로 되어 있어. 이건 모든 목성형 행성의 공통점이지. 그리고 목성의 표면에는 줄무늬가 있어. 이 줄무늬가 포근해 보이는 사람도 있겠지만 목성의 표면은 영하 섭씨 148도 정도로 얼음보다 훨씬 차갑단다. 태양에서 머니까 어쩔 수 없어.

목성은 망원경으로 관찰하기도 좋은 행성이야. 오늘날 전문적으로 쓰는 엄청난 성능의 망원경이 아니어도 많은 것을 볼 수 있지. 줄무늬뿐만 아니라 커다란 점도 찾아볼 수 있단다. 목성의 점들 중에서 가장 유명한 '대적점'은 커다란 빨간색 점이란 뜻이야. 발견한 지는 140년 정도 되었지만 그 전부터 있었을 거야. 자세히 측정한 결과 크기가 점점 줄어들고 있지만 어찌나 큰지 아직도 지구보다 더 크단다. 이 안에서는 엄청난 소용돌이가 치고 있을 거야. 아마 태양계 최대의 소용돌이 아닐까 싶어. 또한 목성의 위성도 찾아볼 수 있는데 그중 가장 큰 네 개는 400년

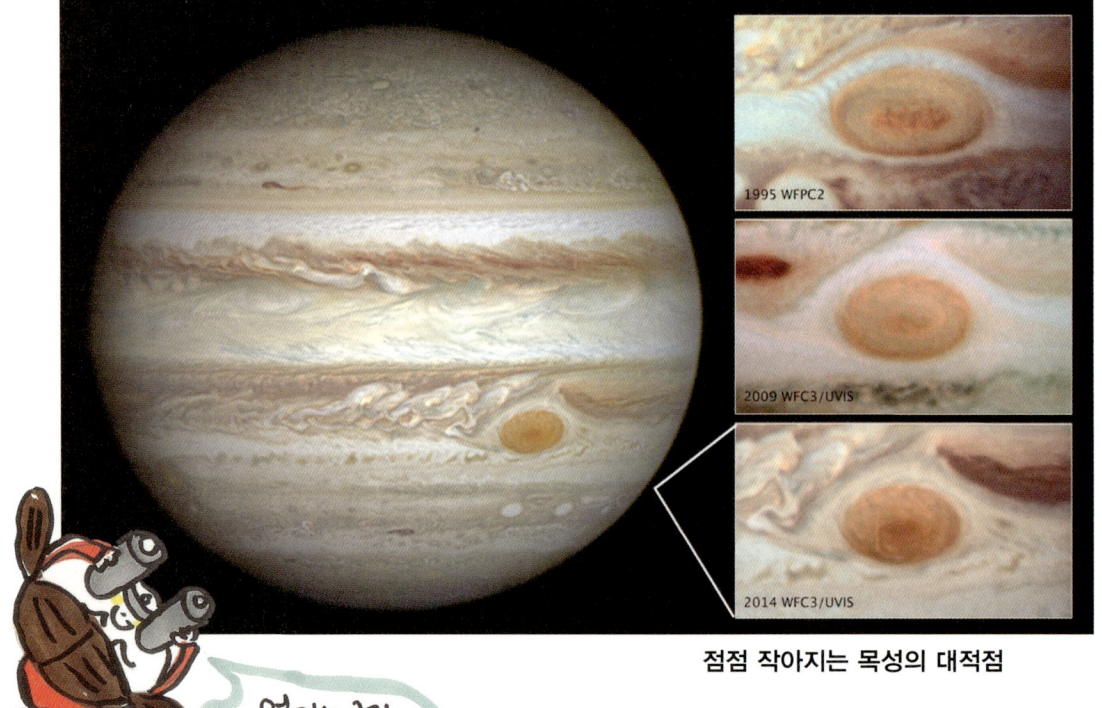

점점 작아지는 목성의 대적점

갈릴레이 위성
목성의 위성 이오, 유로파, 가니메데, 칼리스토. 1610년 갈릴레이가 망원경으로 발견해서 갈릴레이 위성이라고 한다.

전에 살았던 갈릴레오 갈릴레이가 찾아냈지. 그래서 이 네 개의 위성을 갈릴레이 위성이라고 불러. 그중에는 화산이 있는 것도 있고 액체 상태의 바다가 있는 곳도 있지. 수성보다 큰 위성도 있어. 가니메데라는 위성인데 태양계의 위성 중에 가장 큰 위성이야. 만약 목성의 중력에 붙잡히지 않고 태양 주위를 돌았다면 태양계에는 행성이 아홉 개가 되었겠지.

　이렇게 큰 위성도 많지만 목성 주위를 지나다 붙잡혀서 목성의 위성이 된 소행성은 그 수가 아주 많아. 목성의 위성은 60개가 넘고 그 수는 계속 늘어나고 있어. 목성의 위성 중에는 궤도가 삐끗해서 목성으로 아예 끌려 들어가는 것들도 있어. 그러면 목성의 중력 때문에 산산이 깨져 버리고 말아. 실제로 1994년에 발견된 '슈메이커-레비'라는 혜성은 21조각으로 쪼개져서 목성 속으로 뛰어들었지. 이런 충돌이 지구에서 일어났으면 모든 생물이 멸종할 정도의 어마어마한 사건이었을 거야. 하지만 목성은 워낙 크고 표면이 기체라서 겉보기엔 별 흔적 없이 지나가고 말았지.

　목성은 지구보다 중력도 세고 자기장도 세단다. 특히 목성의 자기장은 태양계 행성 중에 가장 강력해. 또 목성은 엄청난 방사능을 뿜어내고 있어. 사람은 목성 근처에서 10분도 못 버틸 거야. 이 자기장과 방사능은 목성 탐사를 방해하는 큰 요인이란다. 보기보다 무서운 행성이지?

다섯 번째 행성 목성은 태양계에서 가장 큰 행성이며 가스로 만들어졌고 수많은 위성을 거느리고 있다.

행성계의 모델, 토성

토성

 종이에 행성을 하나 그려 볼까? 어떤 모습이니? 혹시 동그라미 주위에 고리를 그리지 않았니? 수많은 사람들이 행성을 그리라고 하면 동그라미를 그리고 주위에 고리를 그리지. 이렇게 생긴 행성이 실제로 있냐고? 물론이지! 행성계의 모델, 행성계의 대표 주자, 바로 토성이야.

 토성 하면 떠올리는 것은 바로 저 멋진 고리지. 그런데 그 멋진 고리가 사실은 얼음과 돌 조각이란 것을 알고 있니? 크고 작은 조각들이 모여서 토성 주위를 빙빙 돌아. 그 속도가 빠르기 때문에 멀리서 보면 마치 레코드판처럼 보이는 것이지. 우리가 책 모서리에 조금씩 자세를 바꾸는 그림을 그리고 빠르게 넘기면 연속적으로 움직이는 듯이 보이는 것처럼 말이야.

 토성의 고리를 제일 처음 찾아낸 것도 갈릴레이야. 망원경을

갈릴레이가 본 토성. 고리가 잘 보이는 때에는 위의 그림처럼 귀가 있는 것처럼 보이고 고리의 위치가 아래쪽 그림처럼 될 때는 고리가 보이지 않았다.

정말 잘 쓴 사람인 것 같지? 하지만 갈릴레이의 망원경은 성능이 그리 좋지 않아서 갈릴레이는 토성에 귀가 붙어 있다고 생각했다지 뭐야. 그로부터 50년 뒤 호이겐스라는 과학자가 토성의 귀는 고리임을 알아냈어.

사실 토성 말고도 고리를 갖고 있는 행성은 더 있어. 모든 목성형 행성에게는 고리가 있지. 하지만 토성을 제외한 목성, 천왕성, 해왕성의 경우 고리가 너무나도 가늘고 형편없어서 가까이 가서 보기 전엔 있는지도 몰랐어.

망원경이 발달할수록 고리에 대해 점점 더 많은 것들이 알려졌지. 예를 들면, 토성 고리들 사이에는 넓은 빈틈이 있는데, 이것도 망원경으로 찾아낸 거야. 그리고 '카시니의 틈'이라는 이름도 붙였지. '카시니'라는 건 아마도 이걸 발견한 사람이겠다는 짐작, 이제는 할 수 있지? 사람들은 훗날 카시니의 틈 말고도 더 많은 틈을 찾아냈어.

토성은 태양계에서 목성 다음으로 큰 행성이야. 지구와 화성이 닮았듯이, 토성과 목성도 많은 부분이 닮았어. 수소와 헬륨으로 이루어져 있고 자기장과 줄무늬도 존재해. 또 토성도 목성에 못지않게 많은 위성을 가지고 있어. 질소로 된 대기를 갖고 있는 티탄이란 위성이 가장 유명할 거야.

너무나도 달라 보이지만 토성과 지구도 공통점이 있어. 토성의 자전축은 지구처럼 기울어져 있단다. 자전축이 거의 수직인 목성과 달리 토성은 27도 정도 기울어져 있어. 그래서 토성에도 계절이 있지만 겉이 기체로 되어 있기 때문에 지구처럼 큰 변화가 보이지는 않아. 계절보다는 고리의 변화가 더 눈에 띄어. 토성의 자전축이 기울어진 탓에 고리의 방향이 바뀌거든.

15년에 한 번 정도는 토성의 고리가 보이지 않아. 그건 우리가 토성을 정확하게 옆에서 보게 되는 때야. 토성의 고리는 지

토성 고리각 변화

작은 돌 조각으로 이루어진 토성의 고리

구 다섯 개가 들어갈 만큼 굉장히 넓지만 두께는 아주 얇아서 겨우 15킬로미터밖에 안 되거든. 종이를 넓은 면으로 볼 때는 멀리서도 잘 보이지만 두께 쪽으로 보면 잘 안 보이는 것과 마찬가지지. 그래서 옆으로는 보이지 않아.

그러고 보면 토성의 고리는 정말 레코드판이랑 비슷한 것 같아. 우리에게 전달하는 것이 아름다운 음악이냐 아름다운 모양이냐의 차이일 뿐.

여섯 번째 행성 토성은 아름다운 고리를 가진 가스 행성으로 태양계에서 두 번째로 크다.

꼭 기억하기

이상한 쌍둥이 얼음 행성, 천왕성과 해왕성

천왕성과 해왕성

망원경이 발달하기 전에는, 행성은 지구를 제외하고 다섯 개만 있다고 생각했어. 이유는 간단해. 눈으로는 다섯 개만 보이거든. 하지만 망원경을 사용하는 관측이 일반화되면서 행성의 수는 늘어났지.

토성 너머에서 처음으로 발견되는 행성은 천왕성이야. 아름다운 푸른빛의 이 행성은 망원경으로 발견한 첫 번째 행성이지. 사실 천왕성은 간신히 맨눈으로 볼 수 있었어. 하지만 너무 어둡고 천천히 움직여서 행성인 줄 몰랐다고 해. 해왕성은 맨눈으로는 아예 볼 수가 없지. 만약 수학이 없었다면 해왕성은 발견할 수 없었을 거야. 별을 발견한 게 망원경도 아닌 수학이라니, 이게 무슨 소리냐고?

천왕성의 움직임은 이상한 점이 있었어. 그래서 저 너머에 천왕성에게 영향을 주는 무엇인가가 있다고 예상한 사람들이 수학식으로 궤도를 예측했어. 그리고 그 자리에서 딱 찾아낸 행성이 바로 해왕성이란 말씀! 이렇게 발견하고 찾아낸 천왕성과 해왕성은 여러 가지 면에서 닮아 있어. 마치 지구와 금성처럼 쌍둥이 같은 행성이라고 할 수 있지.

일란성 쌍둥이는 생김새도 키도 몸무게도 비슷하지? 이 두 행성도 그래. 내부 구조, 크기와 무게마저도 비슷하단다. 다만 천왕성이 아주 조금 더 크니까 형이라고 해야 할까? 색도 비슷해. 하늘 천(天) 자를 쓰는 천왕성과 바다 해(海) 자를 쓰는 해왕성, 하늘과 바다라는 이름처럼 푸른 빛깔을 자랑하고 있지. 이 두 행성은 어떻게 이런 색을 띠게 된 것일까? 그건 대기의 성분과 관련이 있어. 목성형 행성인 만큼 둘 다 가장 많은 성분은 수소와 헬륨이야. 하지만 대기 중에 메테인이라는 성분이 섞여 있지. 이 메테인 덕분에 푸른색을 띠게 되었어. 메테인은 태양의 빛에서 붉은색 계열의 파장을 흡수하거든. 반대로 푸른색과 녹색 계열은 반사하기 때문에 지금과 같은 색으로 보이는 것이지.

둘은 비슷한 점도 있지만 다른 점도 있어. 특히 천왕성은 좀 이상한 행성이야. 태양계 행성 중에서 유일하게 옆으로 누워서 돌고 있어. 누가 천왕성이 공전하는 모습을 계속 보고 있다면 옆으로 데굴데굴 굴러가는 것처럼 보일 거야. 도대

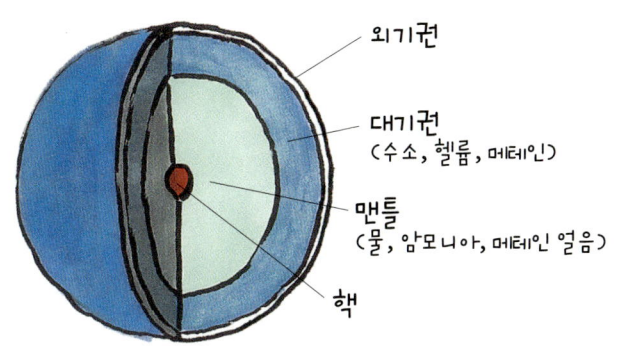

천왕성과 해왕성의 내부 구조
표면은 수소와 헬륨, 메테인으로 이루어진 가스층이 있고 그 속에 물과 암모니아, 메테인 얼음의 맨틀, 가장 안쪽엔 바위와 얼음으로 된 핵이 있다.

체 왜 이러는지 정확한 것은 몰라. 외부 행성이 한 대 치고 갔다는 설도 있고, 주변의 다른 행성의 영향이란 설도 있지.

천왕성과 해왕성에 대한 것은 아직도 많은 것이 밝혀지지 않았어. 천왕성과 해왕성은 너무 멀어서 지구에서 관측하기가 힘들잖아. 같은 이유로 탐사선을 보내는 것도 쉽지 않아. 지금까지 이 두 행성에 간 탐사선은 보이저 2호 하나뿐이래. 그것도 무려 30년 전 이야기란다. 이 둘의 비밀을 언젠가는 이 책을 읽는 누군가가 밝혀 줄 수 있을까?

천왕성과 해왕성은 멀리 있는 얼음 행성으로 너무 멀리 있어서 밝혀진 것이 거의 없는 편이다.

꼭 기억하기

 이건 알고 있니?

이상하게 도는 행성과 위성

태양계의 모든 행성과 위성은 공전과 자전을 하고 있어. 사실 태양도 자전을 하고 있지. 그런데 기본적으로 한 천체의 공전과 자전의 방향은 같고, 태양계의 모든 구성원의 공전과 자전 방향은 같아. 그건 모두 같은 회전 원반에서 만들어졌으니까 그때의 방향이 남아 있는 거야.

하지만 모든 일에는 예외가 있는 법. 금성의 자전 방향이 반대라는 것은 먼저 이야기했지. 그런데 금성이 처음부터 이렇게 거꾸로 돌지는 않았을 거야. 처음에는 다른 행성들과 똑같은 방향으로 자전하고 있었지만 외부 행성과 충돌하거나, 어떤 이유로든 자전축이 뒤집혀진다거나 하면서 거꾸로 돌게 된 것이지. 금성의 자전 속도가 엄청나게 느린 것도 처음의 자전 방향의 속도가 점점 줄다가 결국 거꾸로 돌기 시작하게 된 것 때문이라는 이야기가 있어. 물론 실제로 확인한 것은 아니고 아마도 그럴 것이라는 이야기지.

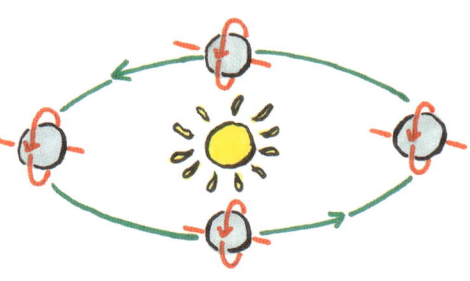
천왕성의 자전 모습. 자전축이 거의 수직으로 누워 있다.

거꾸로 도는 행성이 있다면 누워서 도는 행성도 있어. 그건 바로 천왕성이야. 보통 행성의 자전축은 지구 기준으로 남북 방향, 즉 공전 방향에 거의 수직으로 되어 있지. 하지만 천왕성은 98도나 기울어져 있어. 옆으로 굴러가는 모양새지. 기울어진 정도가 90도가 넘으니까 어떻게 보면 거꾸로 도는 셈이야. 천왕성이 이렇게 누워서 자전하는 이유 역시 정확한 것은 아니지만 외부의 충격 때문이란 이야기가 유력해.

천왕성의 쌍둥이인 해왕성의 위성 중에 말 안 듣는 아이 같은 것이 있어. 트리톤이라고 하는데 공전 방향이 반대란다. 이런 것을 역행 위성이라고 해. 역행 위성은 사실 목성과 토성에도 있지만 트리톤처럼 큰 것은 아니야. 트리톤은 거의 달만 하거든. 과학자들은 트리톤이 해왕성과 함께 만들어진 것이 아니라 지나가다 해왕성의 중력에 붙잡혀 위성이 된 경우라 이럴 것이라고 생각하고 있어.

천왕성(왼쪽)과 해왕성(오른쪽). 자세히 보면 천왕성은 줄무늬가 세로로 되어 있다. 자전축이 누워 있다는 의미이다.

쫓겨난 명왕성은 뭐라고 불러야 할까?

명왕성

2006년까지는 태양계의 행성이 아홉 개였어. 그런데 2007년에는 여덟 개가 됐지. 누가 행성을 태양계 밖으로 던져 버린 것도 아닌데 무슨 소린가 싶어? 그럼 혹시 명왕성이라고 들어 본 적 있니?

명왕성은 1930년에 발견된 천체야. 당시 기술로는 명왕성의 존재를 발견할 수는 있었지만 정확하게 보는 것은 불가능했지. 그러나 기술이 발달하면서 명왕성의 진짜 모습들이 드러났고 결국 행성에서 빠져 버리게 되었어. 행성이 되기엔 여러 가지 면에서 부족했거든.

우선 명왕성은 너무 작고 가벼웠지. 실제로 측정된 명왕성은 우리의 달보다도 작거든. 두 번째는 명왕성의 공전 궤도야. 지금까지의 행성들은 거의 원에 가까운 타원형의 공전 궤도를 갖고 있어. 그에 비해서 명왕성은 좀 더 확실한 타원형이야. 이러한 이유들로 명왕성은 더 이상 행성으로 불릴 수 없게 되었어. 명왕성이라는 이름도 빼앗기고 행성의 이름을 붙이는 국제소행성 센터에서 134340이라는 번호를 새로 받았지. 하지만 명왕성에게는 새로운 친구들이 생겼어. 바로 왜행성들이야.

왜행성은 왜소행성이라고 부르기도 해. 거의 공처럼 둥근 모양에, 태양 주위를 돈다는 점에서는 행성하고 거의 비슷하지만 주변에 비슷한 다른 천체들이 있다는 점에서 행성과 다르지. 왜행성에는 명왕성 말고도 세레스, 에리스, 마케마케, 하우메아가 있어. 번호로 부른다면서, 이름은 또 다 있지? 번호가 정식 명칭이긴 하지만 이름도 붙일 수는 있거든.

이 중에 에리스는 명왕성보다도 크기 때문에 열 번째 행성이라고 말하는 사람도 있었지. 하지만 결국 명

![행성 이미지들: 디스노미아, 에리스, 명왕성, 카론, 마케마케, 나마카, 하우메아, 히이아카, 세드나, 오르쿠스, 콰오아, 바루나]

여러 왜행성과 지구의 크기 비교. 에리스는 발견된 것 중 가장 큰 왜행성이며 위성을 갖고 있는 왜행성도 있다.

왕성과 함께 왜행성으로 남게 되었어. 하우메아는 특이하게 살짝 타원형의 공 모양이야. 왜행성도 위성을 가질 수 있고 명왕성, 에리스, 하우메아는 실제로 가지고 있어.

왜행성은 앞으로도 더 찾아낼 수 있어. 혹시 왜행성은 찾아낸다면 이름도 마음대로 붙일 수 있단다. 물론, 자기 이름이나 이상한 이름을 붙일 수 없다는 것은 기억해 두렴.

꼭 기억하기

명왕성은 행성이 아니라 왜행성으로 분류되며 태양계에는 명왕성 외에도 몇 개의 왜행성이 더 있다.

잃어버린 행성?

행성에서 왜행성으로 쫓겨난 명왕성이 있다면 소행성에서 왜행성으로 승진한 세레스도 있지. 승진이라니 말이 이상한 것 같지만 소행성의 뜻을 알게 되면 공감할 수 있을걸?

사실 세레스는 화성과 목성 사이의 넓은 공간에 존재할 행성을 찾는 중에 발견된 천체야. 둘 사이에 행성 하나가 들어갈 만한 공간이 있다고 생각되었거든. 그때 발견한 것이 바로 세레스지. 사람들은 새로운 행성을 찾았다고 생각했어. 그런데 문제가 생겼어. 주변에 세레스 말고도 크고 작은 천체가 너무 많았거든. 물론 세레스가 가장 컸지만 말이야.

결국 사람들은 깨달았지. 세레스는 지구나 목성 같은 행성이 아니었어. 그래서 행성 앞에 작다는 의미의 소(小) 자를 붙여서 소행성이라고 불렀지. 세레스는 소행성 1호였어.

그런데 상황이 또 바뀌었어. 명왕성을 행성과 분리하면서 왜행성이란 단어를 만들었거든. 그러다 보니 세레스는 왜행성이 되었어. 왜행성보다 작고 찌그러진 것들은 여전히 소행성으로

소행성과 왜행성

남았고. 이젠 왜 세레스가 승진을 했다고 했는지 알겠지?

　세레스 말고도 화성과 목성 사이에는 수많은 작은 천체들이 있어서 이 부분은 소행성대라고 불러. 원래는 이곳에 행성이 만들어질 정도의 물질이 있었을 거야. 보통 이런 곳에서는 태양계 생성의 초기 단계에 행성이 만들어졌지. 하지만 여기는 바로 옆에 목성이 있었어. 목성의 중력이 행성이 만들어지는 것을 방해한 거야. 그래서 물질들은 하나의 덩어리가 되지 못한 것이고. 마치 목성이 다가오는 혜성을 쪼개 버렸던 것처럼 말이지. 어떤 소행성들은 목성의 중력에 붙들려 목성의 위성이 되기도 해.

　해왕성 바깥쪽의 도넛 모양의 영역인 카이퍼벨트 영역에서도 수많은 소행성들이 발견되지. 예를 들어, 명왕성이나 에리스는

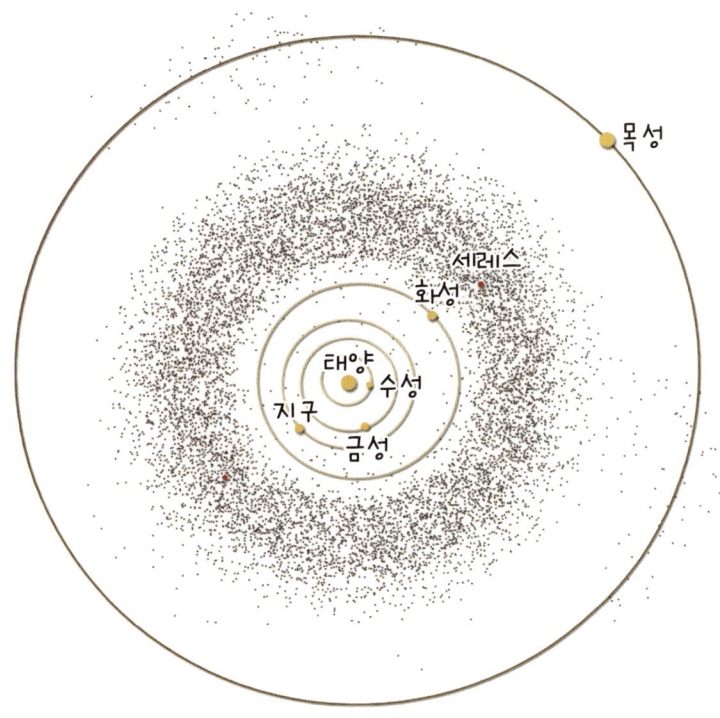

화성과 목성 사이에 존재하는 소행성대

카이퍼벨트에 속한 천체로 분류되고 있어. 화성과 목성 사이의 소행성대에 있는 소행성과는 다르게 이 구역의 소행성들의 궤도는 좀 더 제멋대로란다.

> 화성과 목성 사이에는 작은 천체들이 모여 있는 소행성대가 있다. 소행성은 왜행성보다 작은 천체로 모양은 여러 가지가 있을 수 있다.

꼭 기억하기

혜성이 불길한 존재라고?

백여 년 전, 사람들은 지구 종말의 날이 다가왔다고 믿고 두려움에 떨었어. 밤하늘에 불길한 존재가 나타났거든. 그리고 그 불길한 존재의 꼬리가 지구를 스쳐 간다는 거야. 꼬리에는 독가스가 들어 있어서 사람들을 죽일 거라고 했지. 그날이 너무 무서워서 자살하는 사람도 있었어. 방독면이나 해독약을 사는 사람도 있었지. 그리고 종말이 예고되었던 바로 그날, 1910년 5월 18일, 지구에는 아무런 일도 일어나지 않았어.

이 소동은 핼리 혜성 때문에 생긴 일 중의 하나야. 지금이야 혜성이 온다 하면 관측하고 싶어 하는 사람들이 축제 분위기가 되지만 옛날에는 그렇지 않았다는 것이지. 어떤 혜성은 주기적으로 다시 온다는 것도 당연히 몰랐고. 다만 옛날 사람들은 혜성이 나타나는 것을 열심히 기록했

핼리 혜성

코마
먼지 꼬리
머리
핵
이온 꼬리

혜성의 구조

단다. 덕분에 많은 나라의 역사서에는 혜성에 대한 기록이 많이 남아 있지. 우리나라도 삼국시대에 혜성에 대하여 기록한 것이 남아 있을 정도야. 핼리 혜성을 처음 발견한 사람이 핼리였고 그래서 사람들이 혜성에 그의 이름을 붙여 줬어.

혜성은 원래 태양 주위를 돌거나 지나가는 지름이 15킬로미터쯤 되는 작은 천체야. 그냥 보면 소행성과 꽤 비슷하지. 하지만 둘의 구성 성분은 꽤 차이가 있어. 소행성은 지구와 같은 행성과 비슷한 성분으로 이루어졌어. 그에 비해 혜성은 먼지와 얼음으로 이루어진 덩어리라고 할 수 있지.

이 덩어리는 태양에 가까이 다가가기 전에는 보이지 않아. 그러다 태양에 가까이 갈수록 반전이 일어나지. 태양의 뜨거운 열에 의해서 혜성을 이루는 성분 중에 먼지나 가스, 휘발성 물질들이 분출되거든. 그것들이 태양풍에 길게 늘어지면 혜성이 꼬리를 가지고 빛나게 되는 거야. 태양풍은 태양에서 불어오는 바람이잖아. 그래서 혜성의 꼬리는 항상 태양의 반대쪽을 향하게 되는 것이지. 그러다 다시 태양과 멀어지면 꼬리와 빛이 사라지면서 혜성은 보이지 않게 된단다.

또 혜성의 궤도는 아주 길쭉한 타원이라 태양 근처에 오는 일

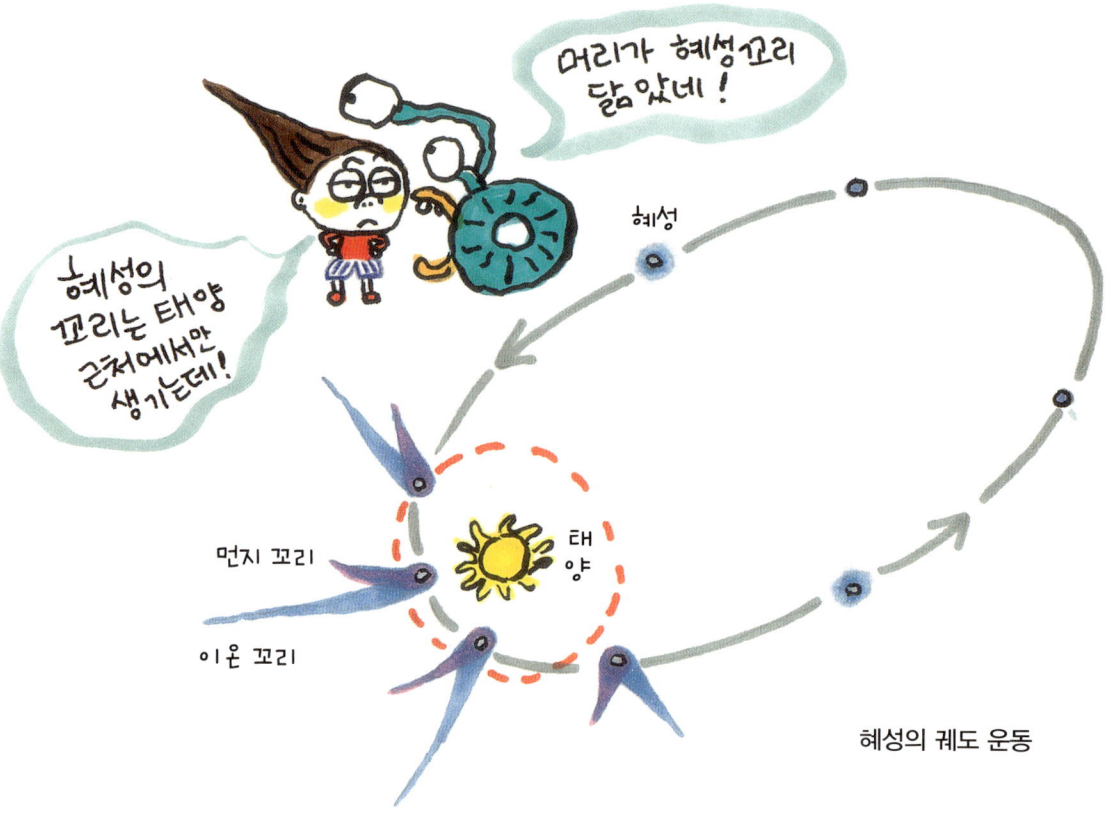

혜성의 궤도 운동

이 거의 없어. 자주 밤하늘에 보이는 행성과는 달리 자주 보이지 않는 거야. 76년마다 나타나는 핼리 혜성은 주기가 상당히 짧은 편일 정도야. 그에 비해 2000년이 넘거나, 아예 한 번만 오고 마는 혜성들도 있어. 그러니 사람들의 눈에는 혜성의 출현이 갑작스러울 수밖에 없겠지.

그런데 옛날엔 혜성은 무서워하지만 혜성이 남긴 찌꺼기는 좋아하는 사람도 많았을 거야. 별똥별, 즉 유성이 많이 떨어지는 유성우가 내리는 원인이 바로 혜성의 찌꺼기 덕분이거든.

원래 유성은 우주 공간에 있던 작은 돌조각이나 먼지들이 지구로 떨어지면서 생기는 현상이야. 지구로 떨어질 때는 지구의 대기 때문에 마찰열이 발생하고 불타게 된단다. 그러면서 빛을 내지. 떨어지면서 빛을 내기 때문에 지나간 모양대로 긴

유성우

꼬리가 생겨. 그래서 흐르는 별, 유성이라고 부르게 된 거야. 타다 남아서 지구로 떨어진 돌은 운석이라고 하고. 그런데 혜성이 지나간 자리에는 돌이나 먼지 같은 것들이 많이 남아 있어. 그 자리를 지구가 지나가면 유성우가 내리는 것이지.

혜성이나 운석은 지금은 우주와 생명의 탄생에 대한 비밀을 풀어 줄 중요한 단서라고 생각되고 있지. 실제로 혜성에 탐사선을 착륙시켜서 연구를 하고 있지. 우리는 정말 저 먼 우주에서 온 것일까 궁금하지 않니?

혜성은 태양에 가까이 올 때만 꼬리가 생기고 빛이 나며 주기적으로 돌아오는 것도 있고 돌아오지 않는 것도 있다.

태양계 안의 작은 태양계? 행성의 달, 위성

　태양계의 중심에는 태양이 있고, 그 구성원들은 태양 주위를 돌지. 하지만 태양이 아닌 행성 주위를 도는 천체들이 있어. 이걸 위성이라고 해. 우리 지구야 위성이 달 하나뿐이지만 목성 같은 행성은 수십 개의 위성을 거느리고 있고 그 모습은 마치 하나의 작은 태양계 같지.

　지구와 외행성은 모두 위성이 있지만 내행성인 수성과 금성에는 위성이 없어. 그건 태양 때문이야. 태양에 가까운 만큼 중력에 의한 영향도 크거든. 그래서 행성이 위성을 잡아 두기가 힘들었어. 그에 비해서 외행성들은 태양의 중력에서 조금은 더 자유롭지. 그 주변에서 눈에 띄게 강한 중력을 가진 것이 행성이다 보니 위성을 갖고 유지하기 쉬워.

　태양계 구성원의 모습이 제각각이듯 위성 역시 저마다 다른 모습을 하고 있어. 달처럼 크고 둥근 것이 있다면 화성의 위성인 포보스와 데이모스처럼 작고 찌그러진 것도 있지. 태양계 위성 중에 가장 큰 위성인 목성의 가니메데는 수성보다도 크단다.

위성 중에는 화산 활동이 있는 것도 있고, 대기가 있는 것도 있어. 얼음 밑에 바다가 있을 것으로 생각되는 위성도 있지. 하지만 아무리 특이해도 행성 주위를 돈다는 점에서는 모두 똑같은 위성이란다.

그렇다면 한번 정해진 위성의 수는 변하지 않을까? 예상했겠지만 그렇지 않아. 목성의 위성은 계속해서 늘어나고 있는데 그건 주변의 소행성대에서 자꾸 목성의 중력에 붙잡혀 위성이 되

태양계의 위성들

는 것들이 있기 때문이야. 사실 지구에도 달 말고 다른 위성이 있대. 하지만 너무 작고 멀어서 볼 수 없어. 반대로 줄어드는 경우도 있는데 다른 천체의 중력 때문에 튕겨 나가거나 행성으로 끌려 들어가면서 조각나는 경우도 있지.

목성의 위성인 이오는 태양계에서 가장 변화가 심한 곳일 거야. 대부분의 위성은 달처럼 눈에 띄는 표면의 변화가 없지만 이오는 활화산이 폭발하거든. 이오는 목성 가까이에서 돌고 있고, 근처에 가니메데와 유로파라는 목성의 큰 위성이 지나가지. 그 때문에 중력에 뒤틀리면서 많은 열이 발생하고 화산이 폭발하는 거야.

생명이 있을지도 모른다는 의심을 받는 위성도 있어. 목성의 위성 유로파는 얼음으로 된 표면 밑에 바다가 있을 거라고 예상돼. 지구의 생명이 바다에서 태어났으니 이곳도 가능성이 있다는 거지. 비슷한 이유로 토성의 위성 엔켈라두스도 의심받고 있어. 사실 얼음으로 표면이 덮인 위성은 많아. 하지만 얼음만 있다면 생명이 살아가는 것이 힘들지. 그곳에 생명체가 있다면 우리와는 또 다른 모습일 거야.

> 행성의 주위를 도는 천체를 위성이라고 한다.

꼭 기억하기

지구와 달이 닮았다고? 절대 아니야!

태양계의 위성은 많고 많지만 그중에 우리 눈으로 볼 수 있는 단 하나의 위성은 무엇일까? 그래 바로 달이야. 달은 지구와 가장 가까운 천체이며 인간이 밟아 본 유일한 천체이기도 하지. 하지만 공 모양이라는 것 외에는 지구와 달은 어마어마하게 다르단다.

일단 크기부터가 엄청나게 차이 나. 지구의 지름은 달의 4배란 말씀. 무게도 지구가 달의 80배 정도 무거워. 당연히 중력도 더 세지. 달에 가면 몸무게가 6분의 1로 변하는 기적을 볼 수 있어. 지구의 표면 중력이 달 표면의 6배거든.

우리 눈에는 매끈하고 반짝반짝 예쁘게 보이는 달이지만 실제 달의 표면을 보면 깜짝 놀라고 말 거야. 달의 표면에는 지구에서는 보기 힘든 운석 구덩이가 엄청 많아. 그도 그럴 게 달에는 공기도 물도 없으니 한번 생긴 자국이 사라지지를 않거든. 바람도 안 불고 비도 안 오잖아. 뭐든 한번 생기면 계속 남아 있을 수밖에 없지.

달의 내부 구조

　물은 없지만 달에도 바다가 있어. 먼 옛날 망원경으로 달을 바라보던 사람들이 밝은 곳은 육지, 어두운 곳을 바다라고 불렀거든. 사실 달의 표면은 전부 현무암으로 되어 있지만 색은 조금 달라서 밝은 곳과 어두운 곳이 생긴 것이래.

　다른 것은 겉뿐이 아니야. 누군가 지구와 달을 반으로 잘라서 접시에 담아 둔다면 크기를 비교하지 않아도 우리는 둘을 구분할 수 있지. 내부 구조가 좀 더 복잡한 게 지구야. 안쪽부터 고체인 내핵, 액체인 외핵, 다시 고체인 맨틀이 있고 가장 바깥쪽 껍데기가 우리가 서 있는 땅, 지각인 것이지. 그에 비해서 달은 핵과 맨틀, 지각의 3중 구조로 되어 있어.

　또 지구에는 자기장이 있어서 나침판을 사용해서 방향을 찾

지구의 내부 구조

아. 지구 자체가 북극이 S극, 남극이 N극인 아주 커다란 자석이거든. 지구는 액체로 된 외핵 덕분에 커다란 자석처럼 자기장이 존재하는 거야. 하지만 달에는 자기장이 없기 때문에 나침반을 가져가도 사용할 수 없단다.

 이건 알고 있니?

행성의 조건

명왕성은 처음에는 행성으로 여겨졌다고 했잖아. 하지만 국제천문연맹(IAU)에서 2006년에 새롭게 세운 정의에 의해서 왜행성으로 바뀌게 되었지. 그럼 도대체 행성의 정의란 무엇일까? 행성이 되기 위해서는 아래의 네 가지 조건을 모두 충족시켜야 해. 하나씩 볼까?

1. 태양 주위를 공전하는 궤도를 갖는다.
2. 천체의 모양을 구형으로 유지하는 질량을 가진다.
3. 다른 행성의 위성이 아니다.
4. 궤도 주변의 다른 천체를 배제한다.

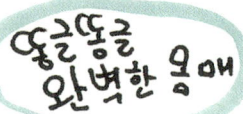
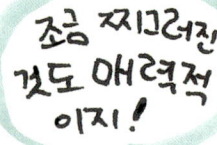

1번과 3번이야 기본이지. 2번이 조금 헷갈릴 수

도 있어. 간단하게 이야기하면 행성이 되려면 어쨌든 공 모양이어야 한단 것이지. 여기에 크기는 중요하지 않아. 예를 들어 수성은 목성의 위성인 가니메데보다 작지만 행성이지. 그런데 혹시 화성의 위성들이나 소행성 기억나니? 자기 마음대로 생겼잖아. 이것들은 너무 가볍거든. 어차피 천체가 구형이 되기 위해서는 어느 정도의 질량을 가져야 해. 다만 딱 얼마다 하는 기준이 있는 것은 아니야. 물론 살짝 타원형이라도 상관없지만 말이야. 사실 모든 행성들은 완벽한 구형을 갖긴 힘들어. 자전으로 인한 원심력 때문에 조금씩 납작해지거든. 특히 기체로 된 토성은 이 현상이 심해서 눈으로 봐도 납작한 것이 느껴지는 수준이라니까.

말이 가장 어려운 것은 4번이지. 이것도 간단히 이야기하면 어떤 천체의 궤도 주변에 다른 천체가 있으면 안 된다는 거야. 물론 목성처럼 궤도 주변의 다른 천체를 흡수해서 위성으로 만들어 버리면 상관없어.

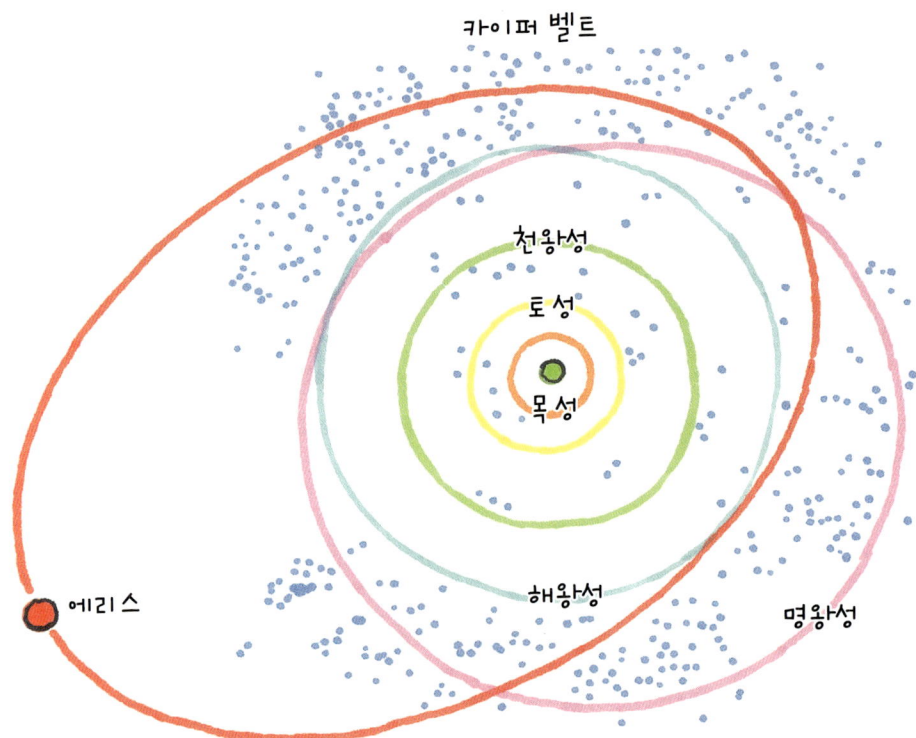

명왕성의 공전 궤도. 해왕성의 궤도와 겹치는 부분이 있으며 에리스와도 많은 부분이 겹치고 있다. 또한 궤도의 거의 중심에 태양이 위치하는 행성들과 달리 한쪽으로 많이 치우쳐 있는 모습이다. 명왕성과 에리스는 카이퍼 벨트 천체로 분류된다. 카이퍼 벨트는 해왕성 바깥에 수많은 작은 천체들이 띠 모양을 이루는 부분이다.

명왕성이 문제가 되었던 것도 4번이야. 명왕성 자체가 해왕성의 궤도를 침범하기도 했지만 그보다는 궤도 근처에서 에리스와 같은 비슷한 크기의 독립된 천체들이 발견되었거든. 게다가 에리스는 명왕성보다 더 컸어. 처음엔 이걸 아홉 번째 행성으로 정해야 하나 고민할 정도였으니까. 하지만 뭐, 결국 둘이 함께 왜행성이 되었

명왕성(앞)과 카론(뒤). 위성이 되기엔 카론이 너무 크다.

지. 처음 발견했을 때 명왕성의 위성으로 생각했던 카론 역시 너무 커서 위성이라기보단 짝이라고 해야 할 정도였고 말이야.

뭐, 혹시 시간이 지나면 행성이나 왜행성의 정의가 또 바뀔 수도 있어. 관측 기술이 발달하면서 우리가 알게 되는 것들이 점점 많아지고 있으니까. 그때는 또 어떤 천체의 무리가 생기게 될지 상상해 보는 것도 재미있지 않을까?

3장
별

# 반짝반짝 별

밤하늘을 수놓은 수많은 반짝이는 점들을 우리는 별이라고 불러. '별'이 무엇인지 기억하는 친구가 있나? 앞에서 이야기했었는데. 그래, 맞아. 별이란 스스로 빛나는 천체를 말해. 별의 특징이 뭔지도 기억나니? 핵융합을 통해서 빛과 열을 만들어 낸다는 사실!

그럼 우리가 보는 밤하늘에는 얼마나 많은 별이 있을까? 하늘에 빛나는 것 중 달과 행성들을 빼면 전부 별이라고 생각해도 된단다. 물론 가끔씩 나타나는 혜성이나 유성도 빼는 것 잊지 말고. 하늘에 이렇게나 많은 별이 있는데, 우리가 이런 별의 정체에 대해 알게 된 건 그리 오래된 일은 아니야.

밤하늘에 점처럼 빼곡하게 박혀 있는 별, 우리 눈에 보이지 않는 것까지 합친다면 어마어마하게 많은 별이 우주에 있겠지? 쉽게 손이 닿지 않는 먼 곳에 있지, 그런데 또 반짝반짝 빛이 나며 얼마나 예쁘니. 그러다 보니 사람들은 자꾸만 별에 대한 호기심을 키워 가게 되었단다.

별은 언제 어떻게 생겨난 것일까? 별은 어떻게 수천 년이 넘는 오랜 시간 동안 빛날 수 있는 것일까? 별들은 영원히 존재하는 것일까? 별은 무엇으로 만들어졌을까? 별은 왜 저렇게 많을까? 왜 별의 밝기와 색은 다른 것일까? 누가 밤하늘의 별들을 저런 모양으로 만들어 놓은 것일까? 정말로 별들이 사람의 운명을 좌우할까? 혹시 저 별 속에 누군가 살고 있는 것은 아닐까 등등. 우리 친구들도 이와 비슷한 질문을 품어 본 적이 많을 거야.

사람들이 답을 다 찾았냐고? 흠, 어떤 질문은 답을 찾기도 했고, 어떤 것들은 아직 조사 중인 것도 있어. 또 처음에 찾은 답이 달라지기도 했지. 시간이 흐르면서 우리가 생각했던 것과는 다른 별들의 진짜 모습을 알게 되었단다. 그리고 우리가 알 수 없었던 우주의 모습까지도 말이야. 그럼 신비로움은 사라졌을지 모르지만 여전히 신기한 별들의 세계로 지금부터 여행을 떠나 볼까?

별은 반짝이지 않는다?

'반짝반짝 작은 별 아름답게 비치네.'
누구나 아는 이 동요는 거짓말을 하고 있다. 무슨 거짓말일까? 그건 우주의 별은 '반짝'거리지 않는다는 것이다. 별이 사실 반짝거리지 않는다는 것은 태양만 봐도 알 수 있다. 태양과 밤하늘의 별은 모두 같은 별이다. 다만 태양은 가까이에 있어서 크고 아주 밝게 보이지만 밤하늘의 별들은 먼 곳에 있어서 작게 보이는 것뿐이다. 사실 낮에도 별들은 떠 있지만 태양의 강한 빛에 가려서 보이지 않는 것이다. 낮에 별을 보고 싶다면 개기 일식이 일어나기를 기다리는 수밖에 없다.

별빛이 반짝이는 것처럼 보이는 것은 지구의 대기 때문이다. 먼 우주에서 도착하는 약한 별빛은 지구의 대기에 부딪히면서 빛의 방향이 꺾이고 흩어진다. 그래서 빛의 세기가 세졌다 약해졌다 하면서 반짝이는 것처럼 보이게 되는 것이다. 바람이 불어 대기의 움직임이 심해지면 더욱 별이 반짝이는 것처럼 보이는 것도 이 때문이다. 또 지평선처럼 별이 통과해야 하는 공기층이 두꺼운 곳에서도 더 많이 반짝인다.

별을 관측하는 사람들에게 이러한 현상은 방해가 된다. 또 주변의 밝은 빛도 별을 관측하는 데에 방해가 된다. 그래서 천체망원경은 높은 산에 설치하는 경우가 많고, 아예 대기가 없는 우주 공간에 망원경을 띄우기도 한다. 허블 우주망원경이 그 예이다. 과학자들은 허블 우주망원경을 비롯해서 여러 대의 망원경을 우주로 올려 보냈고 그 덕분에 우주에 관한 더욱 많은 정보를 얻을 수 있게 되었다.

허블 우주망원경

# 저마다 다르게 빛나는 별

하늘에 반짝이는 수많은 별들. 그 밝기는 저마다 달라서 하늘을 더욱 아름답게 만들지. 그런데 별들은 왜 저마다 밝기가 다를까? 우리가 사는 지구에서 봤을 때, 가장 밝은 별은 태양이잖아. 그렇다면 우주에서 가장 밝은 별이 태양일까? 여기까지 읽어 본 친구들이라면 아마 그렇지 않다는 것을 알고 있을 거야. 그렇다면 별의 밝기를 결정하는 것들은 무엇이 있을까?

지구에서 보는 별의 밝기를 결정하는 요인에는 별까지의 거리와 별의 크기가 중요해. 먼 별보다야 가까운 별이 밝게 보이고, 작은 별보다 큰 별이 더 밝게 보인다는 것이지. 예를 들어 하늘에서 가장 밝은 별인 시리우스는 크기는 그다지 크지 않지만 지구와 상당히 가까운 거리에 있는 별이지. 두 번째로 밝은 카노푸스란 별은 시리우스보다 지구에서 멀지만 훨씬 크기 때문에 시리우스 못지않게 밝게 보인단다. 물론 눈에 확 띄는 밝은 별이 있는가 하면 한참을 봐야 보이는 별도 있고 망원경이 없으면 볼 수 없는 어두운 별도 있지.

이렇게 별의 밝기가 제각각이면 이걸 구분하는 것도 단위가 있겠지? 별의 밝기 등급은 1등급, 2등급, 3등급, 이런 식으로 숫자로 나타내. 여기서 숫자가 작을수록 밝은 별이란 소리야. 1등급보다 밝으면 소수점을 사용해서 나타내고, 그보다 더 밝으면 0등급, -1등급처럼 - 표시를 달아서 표시하지. 1등급은 2등급보다 약 2.5배 정도 밝아. 5등급 차이가 나면 딱 100배 밝은 거야. 예를 들어 1등급은 6등급보다 100배 밝은 것이고, -4등급은 1등급보다 100배 밝은 별이란 소리지. 1등급인 별을 1등성, 2등급인 별을 2등성이라고 불러.

같은 별인데도 밝기가 변하는 별들이 있어. 이런 별은 변광성이라고 해. 신기한 것 같지만 변광성은 아주 흔한 현상이란다.

그냥 별의 아름다움을 즐기면 되지 뭐 하러 숫자까지 써 가며

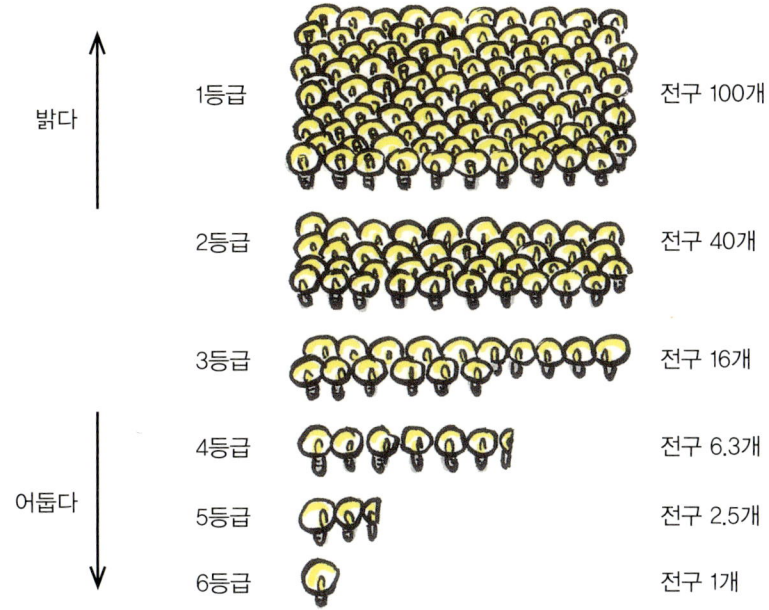

등급에 따른 별의 밝기.
전구는 비교를 위해 사용한 것일 뿐 실제 밝기는 아니다.

별의 밝기를 쓰느냐는 사람도 있겠지? 하지만 이게 다 쓸모가 있는 일이란다. 별의 밝기와 색을 통해서 별까지의 거리를 잴 수도 있고, 별이 구성하는 성분도 알 수 있거든. 결코 갈 수 없는 우주를 이해하게 해 주는 힌트가 별의 밝기에도 있다는 것을 기억해 두라고.

각각 다른 별의 밝기는 숫자를 사용한 등급으로 나타낸다.

꼭 기억하기

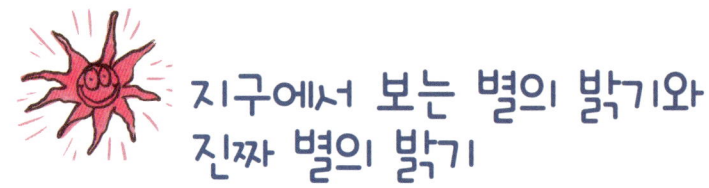
지구에서 보는 별의 밝기와 진짜 별의 밝기

별의 실제 밝기와 지구에서 보는 밝기에는 차이가 있을 수밖에 없어. 그래서 별의 밝기는 두 가지로 나뉜단다. 바로 겉보기 등급과 절대 등급이야.

겉보기 등급은 실시 등급이라고도 부르는데 조금 전에 말한 지구에서 보이는 별의 밝기를 뜻해. 뭐, 실제 밤하늘에서 가장 밝은 것들은 별보다는 달과 행성이지만 말이야. 가장 밝을 때 기준의 등급으로 보름달은 −12.6, 금성은 −4.4, 목성은 −2.9니까 하늘에 행성이 떠 있으면 그것부터 보이는 것이 정상이지. 참고로 태양의 겉보기 등급은 −26.73이니 어마어마하게 밝겠지? 시리우스가 −1.5등급 정도니까 태양이 대략 100억 배나 밝은 거야.

하지만 이 겉보기 등급은 진짜 별의 밝기는 아니야. 그래서 생각해 낸 것이 절대 등급이지. 절대 등급이야말로 별들의 진정한 밝기라고 할 수 있어. 절대 등급은 모든 별을 같은 위치에 두

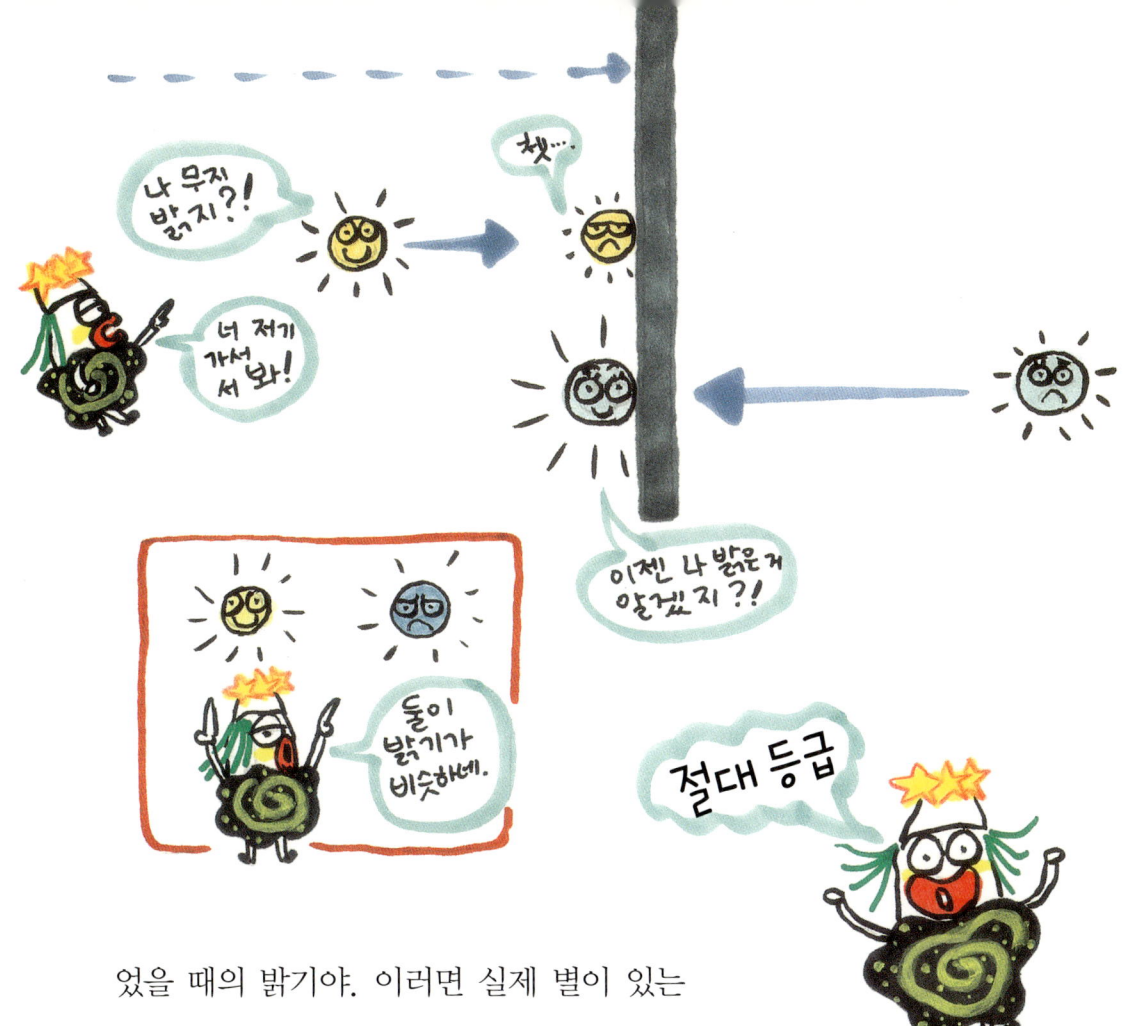

었을 때의 밝기야. 이러면 실제 별이 있는 거리와는 달라지니까 별의 밝기도 지구에서 보는 것과는 달라지겠지? 기준은 10파섹이야. 1파섹이 약 3.26광년이니까 10파섹은 빛이 32.6년 동안 가야 할 정도로 먼 거리지.

절대 등급을 사용해서 별을 보면 실제 거리가 10파섹보다 가까운 별은 어두워질 것이고, 멀리 있는 별은 밝아질 거야. 태양부터 살펴보자면 태양은 훨씬 멀어지지. 그만큼 어두워져서 등급이 4.8등급밖에 안 된단다. 밤하늘에 희미하게 보이는 수준의 별이 된다는 이야기지. 가장 밝은 별인 시리우스도 마찬가지로

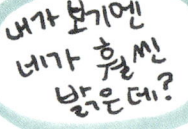

어두워져. 1.4등급 정도로 바뀌거든. 그래도 여전히 밝은 별이긴 하지? 시리우스의 실제 밝기는 태양의 20배쯤 되거든. 카노푸스의 절대 등급은 -5.5등급 정도야. 카노푸스가 시리우스보다 실제로는 600배 정도 밝은 별이란 소리지. 우리가 볼 수 있는 별 중 북반구에서 절대 등급이 가장 높은 별은 백조자리의 데네브로 -7등급 정도라고 해. 그럼 진짜 가장 밝은 별은 누굴까? 그 별은 사실 지구에서 맨눈으로는 절대 볼 수 없는 별이야. 아주아주 성능이 좋은 망원경만으로 겨우 볼 수 있단다. 너무 멀리 있어서 어두워 보이거든. 혹시 달이나 행성의 절대 등급이 무엇인지 궁금한 사람이 있니? 아쉽게도 스스로 빛을 낼 수 없는 달과 행성은 절대 등급을 매길 수 없단다. 절대 등급은 오직 별들만을 위한 것이라고 할 수 있겠지?

별의 밝기는 우리 눈에 보이는 겉보기 등급과 진짜 밝기를 나타내는 절대 등급 두 가지로 나뉜다.

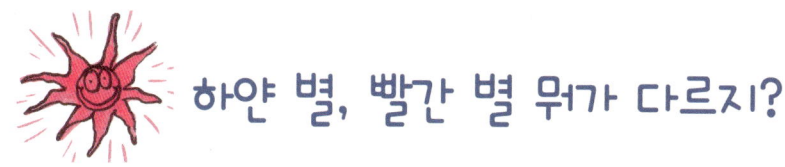 # 하얀 별, 빨간 별 뭐가 다르지?

사람들은 생김새가 모두 각기 달라. 우리 눈에는 다 비슷하게 점이 반짝이는 걸로 보이지만 사실 별들도 모습이 다 다르단다. 멀리 있는 별이 서로 다를 거라는 것은 눈으로 봐도 충분히 알 수 있어. 우리는 별을 그릴 때 모두 노란색으로 칠하지만, 하늘을 올려다보면 어때? 하얀색도 있고, 붉은색, 푸른색 별도 있지? 왜 이렇게 색이 다른지 이제 살펴보자.

별의 색은 별의 표면 온도와 관련이 있어. 직접 가서 재 본 것도 아닌데 어떻게 알았을까? 그건 온도에 따른 색의 변화는 지구와 우주가 똑같기 때문이야. 쇠를 달굴 때 처음에는 붉게 변하다 노란색이 되고 나중엔 하얗게 되는 것을 본 적이 있을 거야. 별도 마찬가지거든.

실제 별로 예를 들어 볼까? 여름철에 잘 보이는 베가는 하얀색 별이야. 그럼 표면 온도가 약 섭씨 9300도라는 뜻이야. 노란색의 태양은 표면 온도가 섭씨 6000도라고 했지. 오리온자리의 베텔게우스는 붉은색으로 섭씨 3500도 정도야.

별의 색과 표면 온도

그런데 별의 색을 보면 그 크기를 예상할 수 있어. 처음 별이 만들어질 때의 질량이 클수록 밝고 뜨거운 별이 되거든. 별의 질량을 알면 별의 지금 모습뿐만 미래와 수명도 알 수 있어.

초기 질량이 크면 클수록 별은 밝게 빛날 수 있다고 했지. 일단 덩치가 커지니까 훨씬 큰 빛 덩어리가 될 수 있지. 또 무거워진 만큼 중심의 압력이 높아서 온도도 더 올라가니까 더 강한 빛도 낼 수 있어. 그런데 이렇게 온도가 높으면 핵융합이 더 빠른 속도로 일어난단다. 재료를 빨리빨리 써 버리는 거야. 그러다 핵융합 재료가 다 떨어지는 순간, 별의 수명도 끝이야. 그래서 별은 클수록 수명이 더 짧아지지.

 태양보다 질량이 10배 정도 큰 별은 1억 년 정도밖에 못 살아. 반대로 작은 별에 속하는 편인 태양의 수명은 거의 100억 년 정도야. 지구에 생명이 발생해서 진화를 하고, 이 책을 읽는 우리가 태어날 수 있는 것도 태양의 긴 수명 덕분이라고 할 수 있어. 그만큼 충분한 시간이 주어진 것이니까. 그러니 작은 별이라고 너무 섭섭해하지 말아야겠어.

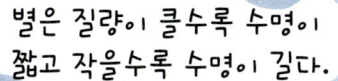
별은 질량이 클수록 수명이 짧고 작을수록 수명이 길다.

 별의 질량은 별의 일생을 좌우한다

별이 수소를 헬륨으로 바꾸는 핵융합을 한다고 했지? 그런데 사실 나중에는 수소가 아닌 다른 물질을 사용하기도 해. 그래서 이렇게 별의 중심핵에서 수소를 헬륨으로 만드는 단계의 별을 지칭하는 말이 따로 있어. 사람도 유아, 어린이, 어른으로 나눠 부르는 것처럼 말이야. 이때의 별을 '주계열성'이라고 해. 별이 태어나서 죽기까지, 별의 일생에서 가장 긴 부분을 차지하는 것이 이 주계열성의 기간이야. 우리의 태양도 지금 이 기간인 것이지.

앞에서 핵융합 재료가 없으면 별도 죽는다는 이야기를 했잖아. 어떻게 별이 사라지는지 그 과정을 좀 자세히 들여다볼까? 별이 사라지는 첫 과정은 거의 모두들 비슷해. 수소를 다 쓴 별은 핵융합이 멈추게 되고 그러면 중력 때문에 별이 쪼그라들며 작아져. 그런데 이러면 중심의 압력이 올라가게 되거든. 그러면 주계열성일 때보다 중심 온도가 더 올라가. 그러면 이제 별은 다시 핵융합을 할 수 있어. 대신 재료가 바뀌어서 수소 대신 헬륨을 쓰지. 하지만 이때는 표면 온도가 낮아지기 때문에 색이 바뀌어 버려. 노란색이었던 태양이 적색거성으로 변하게 되는 게 바로 이 때문이야. 태양보다 더 큰 별은 더 뜨겁고 큰 흰색이나 파란색의 초거성이 될 수도 있어. 반대로 태양보다 작은 별은 헬륨을 쓰지 못하고 그냥 그대로 끝날 수도 있어. 이런 별은 그대로 식어 버려.

　헬륨이 다 떨어지면 또다시 별은 수축을 해. 태양보다 조금 더 큰 별들은 헬륨 이후에도 계속 재료를 바꿔 가면서 핵융합을 해. 몇 번 반복하다 보면 양파처럼 여러 겹의 껍질로 이루어진 중심핵이 만들어져. 각각의 껍질은 서로 다른 물질로 되어 있

주계열성이 적색거성이 되는 과정. 수소를 다 쓰고 나면 일단 한번 수축했다 헬륨 핵융합을 시작하면 다시 부풀어서 거성이 된다.

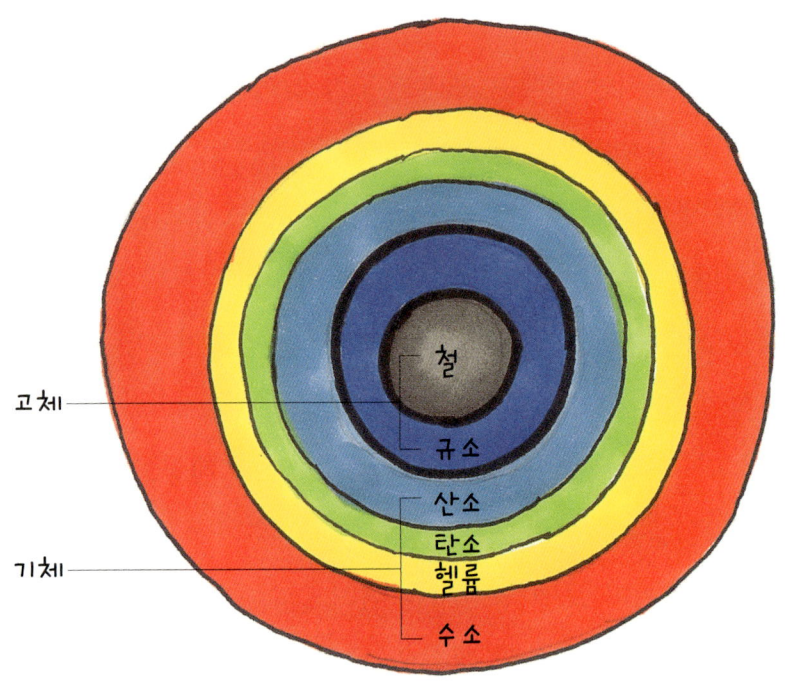

별 내부의 층상 구조

질량이 매우 큰 별은 마지막 단계에 이르면 양파 껍질처럼 겹겹의 핵이 생긴다. 별 전체를 구성하는 모든 수소를 핵융합에 사용하는 것은 아니기 때문에 표면에는 기체 상태의 수소가 남아 있다. 헬륨이나 탄소, 산소도 마찬가지이다. 그림의 별은 안에 철의 핵이 생겼기 때문에 곧 초신성 폭발만 남았다고 할 수 있다.

행성상 성운. 성운의 중심에는 별의 최후의 잔해인 백색왜성이나 중성자별, 블랙홀 등이 있다.

지. 바깥쪽부터 수소, 헬륨, 탄소, 네온, 산소, 규소, 철이야. 핵의 중심에 철이 생기면 핵융합은 완전히 멈추게 된단다. 아무리 수축해도 더 이상의 핵융합은 일어나지 않아. 철보다 무거운

별의 일생
④번 과정까지는 모든 별이 비슷하다. 태양 정도의 별은 ⑤번 단계에서 중심은 백색왜성, 겉껍질은 다시 가스나 먼지가 된다. 그보다 더 큰 별은 ⑥번으로 가서 ⑦ 초신성 폭발 후 표면 물질은 다시 ①의 가스나 먼지가 되고 중심은 ⑧, ⑨의 중성자별이 되거나 블랙홀이 된다.

물질은 합쳐지기보다는 쪼개지는 것을 좋아하거든.

별의 중심에서 핵융합이 끝나고 나면 별의 질량에 따라서 운명이 다시 갈리게 된단다. 태양 정도의 별은 수축과 팽창을 반복하면서 바깥쪽의 기체 껍질은 날아가고 쪼그라든 중심만 남아서 백색왜성이 된단다. 그리고 날아간 기체 껍질은 별을 둘러싼 고리 모양의 구름을 만들어. 이걸 '행성상 성운'이라고 불러.

태양의 10배쯤 되는 별의 마지막은 좀 더 극적이야. 우주 초기에 만들어진 별들 생각나니? 그렇게 큰 별들은 수축하는 속도를 이기지 못하고 결국 펑 하고 터져 버려. 이게 바로 초신성 폭발이야. 초신성이라는 말은 엄청 밝은 새 별이라는 뜻인 만큼, 별의 마지막에 붙이기엔 잘못된 이름이지만 말이야.

초신성 폭발의 열기는 엄청나서 철보다 무거운 새로운 물질을 만들어 낼 수 있어. 또 별의 중심에 있던 물질들을 우주 밖으로 보내는 역할을 해. 폭발한 잔해들은 성운이 되어 별이 있던 자리에서부터 퍼져 나가지. 이렇게 초신성 폭발 이후에도 중심에 남는 것이 있어. 지구에서는 상상하기 힘든 모습을 한 이것들은 오랫동안 사람들에게 정체를 드러내지 않았지. 바로 중성자별과 블랙홀이야. 이 둘에 대해서는 할 이야기가 너무 많으니 다음 장으로 넘어가 살펴보자고.

별의 질량에 따라 별의 최후의 모습은 달라진다. 태양 정도의 별은 백색왜성이 되며 태양보다 10배 이상 무거운 별들은 초신성 폭발을 한다.

 # 외계인의 신호? 중성자별

　중성자별과 블랙홀은 사람들의 상식을 뛰어넘는 것들투성이라 처음에는 존재조차 의심받았단다. 중성자별은 아주 큰 별의 마지막의 모습 중 하나야. 큰 별의 마지막 단계에서는 중력으로 인한 수축이 일어나면서 우주의 탄생 때와 반대의 일이 생겨. 우주 탄생 초기에는 무엇이든 퍼져 나갔잖아. 하지만 이때는 무엇이든 합쳐져. 너무 합쳐지다 보니까 양성자와 전자가 합쳐져서 중성자가 된단다.

　'양성자와 전자가 합쳐지면 그냥 원자 아닌가?' 하는 친구들이 있지? 전기적으로 0이라는 점에서 원자와 중성자는 같지만 다른 부분은 전혀 달라. 원자는 빈 공간이 아주 많지만 중성자는 엄청난 압력 때문에 약간의 빈틈도 허용하지 않고 꾹꾹 눌러 담은 것 같은 상태가 되거든. 별 전체가 중성자라는 물질로 되어 있는데 중성자별의 크기는 기껏해야 지름이 수십 킬로미터 정도로 작지만 밀도가 엄청나게 높아. 이 별을 한 숟가락만 떠도 천만 톤이 넘을 정도야.

중성자별은 왜 그렇게 빨리 돌까?

중성자별의 빠른 자전은 피겨스케이터의 회전과 비슷한 원리로 설명할 수 있다. 회전을 하는 스케이터가 팔을 펼치면 속도가 느려지고 팔을 오므려 몸에 붙이면 속도가 빨라진다. 중성자별이 되기 전의 별은 팔을 펼친 상태, 중성자별은 팔을 오므린 상태인 것이다. 그런데 중성자별은 어마어마한 크기의 별이 아주 작은 크기로 바뀐 것이기 때문에 속도의 증가가 스케이터와 비교가 되지 않는다.

중성자별이 신기한 것은 이것뿐만이 아니야. 이렇게 작은 중성자별은 엄청난 속도로 자전을 한단다. 1초에 30번 정도는 아무것도 아니야. 가장 빠른 것은 무려 700번도 넘게 돈다고 해. 그런데 이렇게 빨리 도는 물체는 전파를 발산하게 된단다. 지구에서 처음 이 전파를 잡았을 때는 외계인의 신호라고 오해를 했어. 왜냐하면 잡히는 전파가 너무나도 규칙적이었거든. 꼭 누가 일부러 보내는 신호처럼 말이야. 중성자별 자체는 너무도 작아서 직접 눈으로 보는 것은 불가능에 가깝거든. 그래서 사람들은 성운에서 전파를 보낸다고 여겼

중성자별의 상상도. 주변의 선은 실제로 보이는 것이 아니라 강력한 방사선과 자기장을 나타낸다.

어. 생각해 봐, 성운의 한가운데서 규칙적으로 전파를 보내는 무엇인가를 발견했다면 충분히 외계인이라고 오해할 만하지 않겠어?

중성자별에 혹시 외계인이 살까 궁금한 사람이 있을까? 하지만 중성자별에 가까이 다가가는 것은 아주 위험해. 중성자별의 상당수는 아주 강력한 자기장을 갖고 있거나 방사선을 내뿜고 있어. 또 강한 중력 때문에 탈출하는 것도 어려울 테니 말이야. 그저 멀리서 구경만 하자고.

꼭 기억하기

초신성 폭발 뒤에 중성자로 이루어진 중성자별이 만들어지기도 한다.

 정체불명의 검은 구멍, 블랙홀

　중성자별이 되는 별보다 큰 별은 더 신기한 일이 생겨. 뭔가 우주에 검은 구멍이 뻥 뚫리는 것 같은 현상이 생기는 거야. 검은 구멍 하면 떠오르는 것이 있지 않니? 그래, 바로 블랙홀이야.

　중성자별보다 밀도가 더 높아지면 아예 설명하기 어려운 일이 생겨. 부피는 0인데 밀도는 무한대인 설명할 수 없는 존재가 되는 것이지. 분명 아무것도 없는 것처럼 보이는데 어마어마하게 무거운 거야. 이게 도대체 뭔가 싶어지지? 그런 게 바로 블랙홀이란다.

　물론 실제로 블랙홀이 되는 크기란 것은 있어. 예를 들어 태양을 블랙홀로 만들려면 반지름을 계속 압축시켜서 2.5킬로미터로 만들면 되거든. 태양보다 무거운 별이라면 더 큰 크기에서 블랙홀이 되겠지? 하지만 그 크기보다 작아지는 순간부터 가운데에 '특이점'이라는 것이 생기는 거야. 이 특이점에 블랙홀의 모든 질량이 모여 있어. 그런데 부피는 0이라고 했지? 즉, 태양의 경우 반지름 2.5킬로미터짜리 블랙홀이 되는 것이 아니라 한

가운데에 부피 0인 특이점이 생기는 거야. 마치 태양이 있던 자리의 한가운데에 점을 콕하고 찍어 놓은 모양이랄까?

이 특이점은 중력이 너무나도 강해서 그 어떤 것도 여기서 탈출할 수 없어. 세상에서 가장 빠른 빛도 마찬가지야. 빛조차 탈출할 수 없을 정도로 강한 중력이 미치는 경계를 '사건의 지평선'이라고 해. 쉽게 생각하면 사건의 지평선은 블랙홀을 둘러싼 공의 표면이라고 생각하면 되는 거야. 공의 크기는 속에 들어 있는 블랙홀의 질량이 커질수록 커지고 말이야. 사건의 지평선보다 안으로 들어간 빛들이 나오지 못하니까 우리 눈으로 들어올 수도 없어. 즉 사건의 지평선 안쪽에서는 무슨 일이 일어나도, 무엇이 있어도 알 수 없지. 빛이 우리 눈에 들어오지 않으면 우리한테는 검게 보이게 되겠지? 만약 누가 흰 종이 위에 블랙

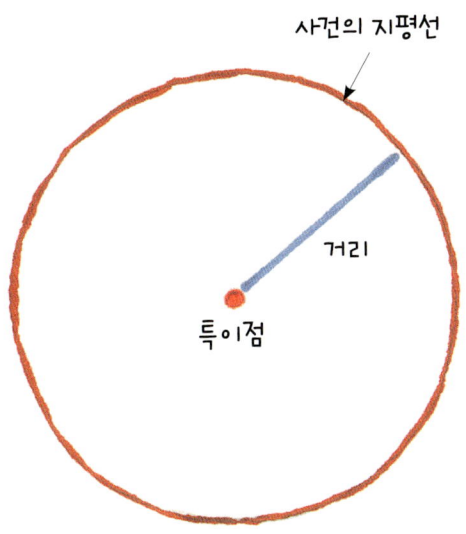

가장 간단한 구조의 블랙홀
가운데는 별이 폭발하면서 남은 물질이 압축되며 생긴 블랙홀의 중심, 즉 특이점이 있다. 블랙홀의 주변에서도 빛조차 탈출할 수 없을 정도의 강한 중력이 작용하는 곳의 경계면을 사건의 지평선이라고 한다. 특이점과 사건의 지평선까지의 거리는 블랙홀의 질량이 커질수록 길어진다. 사건의 지평선을 공의 표면이라고 한다면 블랙홀의 질량이 커질수록 더욱 큰 공이 되는 것이다.

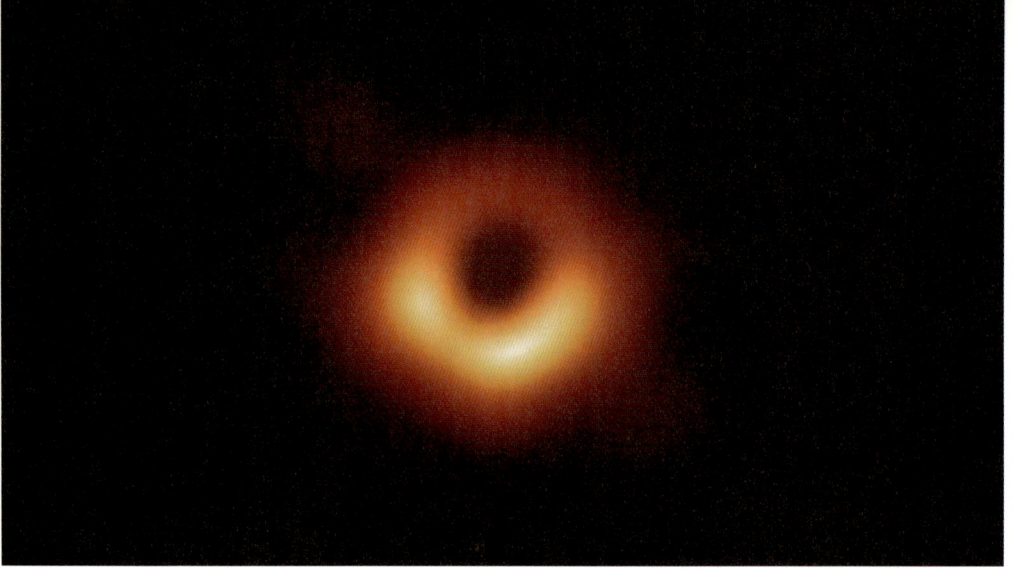

실제로 촬영한 블랙홀의 모습(2019년 4월 10일 공개). 전 세계의 여러 전파망원경을 연결하여 찍은 것이다. 붉게 빛나는 부분은 블랙홀에 끌려들어가는 물질이 뿜어내는 빛이며 가운데의 검은 부분이 사건의 지평선이다. 천체 자체로서의 블랙홀, 즉 특이점은 사진의 검은 부분보다 훨씬 작다.

홀을 옮겨 놓을 수 있다면 거기에 검은 구멍이 있는 것처럼 보일 거야. 그래서 블랙홀이라는 이름이 붙은 거야.

  블랙홀은 중력이 너무나도 강해서 그 어떤 것도 여기서 탈출할 수 없어. 빛도 빠져나가지 못해. 그래서 혼자 있는 블랙홀은 눈으로 볼 수도 없지. 하지만 과학자들은 블랙홀이 있는 곳을 예상할 수 있어. 눈에 안 보이는데 어떻게 하냐고? 그건 블랙홀 근처에 별이나 물질이 있으면 가능해. 이것들이 블랙홀에 가까이 다가가면 빙글빙글 돌면서 빨려 들어가는데, 이 속도가 너무 빨라. 그래서 마찰이 일어나고 열이 발생하지. 그러면 거기서 빛이 나게 되거든. 이 빛으로 우리는 블랙홀을 찾아낼 수 있는 거야.

그리고 과학자들은 드디어 진짜 블랙홀을 찾아냈단다! 그것도 빛이 5500만 년이나 달려가야 하는 머나먼 곳에서 말이야. 전 세계의 여러 전파망원경을 연결하여 촬영한 블랙홀의 실제 모습이 2019년 공개되었지. 이 블랙홀은 지구에서 약 5500만 광년 떨어진 타원 은하 M87의 중심에 있는 초거대 블랙홀로 질량은 태양의 약 65억 배나 된단다. 사실 이런 거대한 블랙홀은 일반적인 별의 최후 단계에 만들어지는 것은 아니고 우주 생성 초기의 작은 블랙홀들이 충돌하여 합쳐져서 만들어진 거야.

덧붙여 혹시 태양이 블랙홀이 되어 지구를 삼킬까 봐 걱정하는 친구들이 있다면 그런 걱정은 안 해도 된단다. 태양은 블랙홀이 되기엔 너무 작으니까 말이야.

아주 무거운 별들은 초신성 폭발 후에 가운데 블랙홀을 만들기도 한다. 블랙홀은 강한 중력으로 빛조차 빠져나올 수 없기 때문에 검은색으로 보인다.

이건 알고 있니?

블랙홀에서는 시간의 속력이 바뀐다

영화 〈인터스텔라〉를 보면 주인공들이 블랙홀에 가까이 갔다가 몇 년에서 몇 십 년의 시간을 훌쩍 넘겨 버리는 장면이 나와. 단순히 블랙홀에 가까이 간 것만으로 어떻게 그렇게 된 것일까?

아인슈타인이 발표한 상대성 이론에 의하면 빨리 움직이는 물체의 시간은 느려진다고 해. 만약 우리가 빛의 속력으로 달릴 수 있다면 우리의 시간은 멈춰 버려서 영원히 나이 들지 않을 수 있다고 해. 예를 들어 20세가 된 쌍둥이 중에 동생은 지구에 남아 있고 형은 지구 시간으로 10년 동안 우주선을 타고 빛의 속도로 우주를 여

행하고 돌아왔다고 해 봐. 지구 시간으로 10년 뒤에 지구에 있던 동생은 30세가 되었지만 형은 여전히 20세야. 형은 시간이 지났다는 것조차도 모르는 것이지. 물론 실제로 사람이 빛의 속도로 이동할 수는 없으니까 이건 그냥 상상 속의 이야기야.

그런데 이 속력이라는 것이 중력으로 인하여 끌어당겨지는 힘과 같은 것으로 생각할 수 있어. 강한 중력의 영향을 받는 사람은 아주 빠른 속도로 달리는 것과 같은 것이지. 이런 이유로 아주 강한 중력을 갖고 있는 블랙홀 주변에 잠시 머물렀던 주인공 일행의 시간의 속력은 지구의 시간의 속력보다 훨씬 느려지게 되었어. 그래서 주인공 일행은 블랙홀 주변에 한 시간도 머물지 않았지만 지구에서는 수십 년이 지나가 버렸고 주인공은 자기의 딸보다 젊어지게 된 것이야.

하늘에 그린 그림, 별자리

혹시 탄생 별자리란 것을 들어 봤니? 물고기자리, 사자자리 같은 동물 이름뿐만 아니라 처녀자리, 사수자리 같은 사람 모양의 자리도 있지. 게다가 이런 별자리에 얽힌 이야기들도 있어. 이렇게 밤하늘의 밝은 별들을 이어서 여러 가지 물건이나 사람을 떠올리며 별자리의 이름을 짓고, 이야기를 만들어 가는 것은 긴 밤을 보내는 사람들의 소소한 즐거움이었을 거야.

지금이야 서양의 별자리를 주로 사용하지만 옛날부터 나라마다 다양한 별자리가 존재했어. 예를 들어 탄생 별자리는 사실 '황도 12궁'이라고 불러. 원래는 지금의 중동에 해당하는 지역에 살던 유목민이 만든 거야. 또 오리온자리, 백조자리, 큰곰자리, 카시오페이아자리 같은 별자리들은 그리스에서 신화 속 인물, 동물의 이름을

> **황도 12궁**
> 황도 12궁은 '노란색 길의 12개 별자리'라는 뜻이다. 황도란 노란색 천체, 즉 태양이 지나가는 길을 의미하는 것이며 그 자리에 위치한 별자리들을 황도 12궁이라고 하는 것이다.

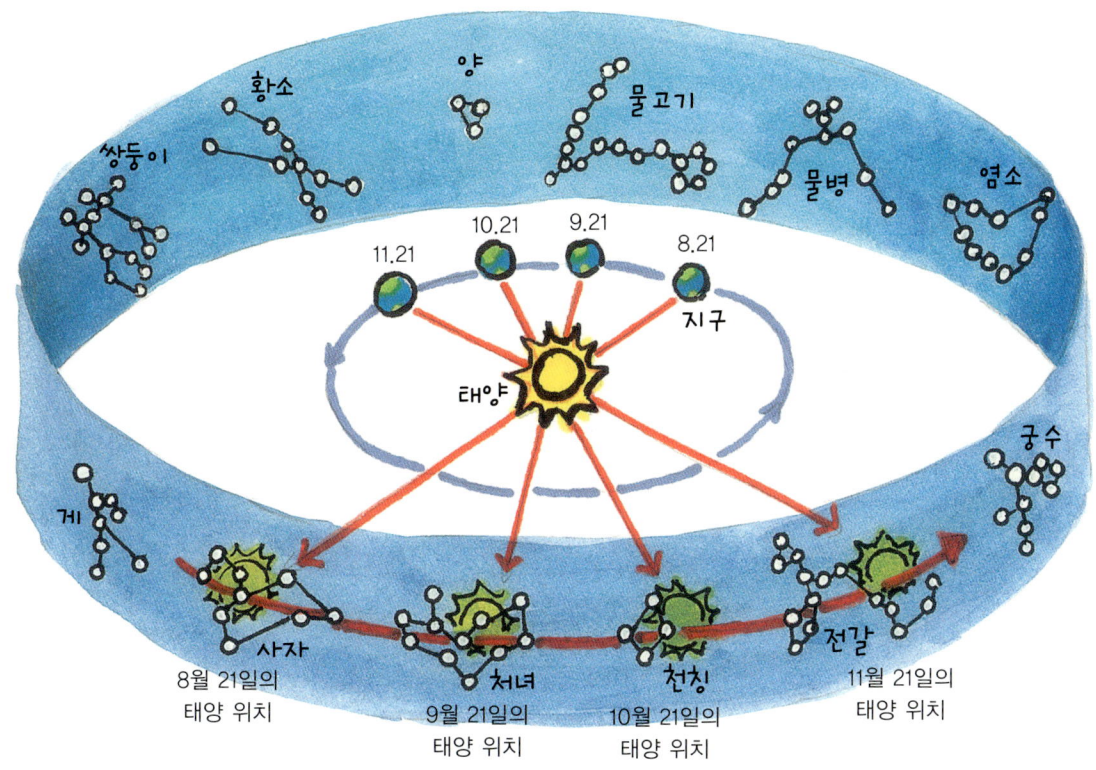

태양의 연주 운동과 황도 12궁

붙인 것이지.

우리나라 중국도 별자리를 만들었어. 그런데 우리나라 중국 등 동양에서 만든 별자리는 서양 것과는 좀 다르단다. 서양의 별자리는 별들을 이어서 모양을 만들었다면 동양의 별자리는 별 하나하나를 따로 놓고 보았거든. 견우성, 직녀성처럼 말이야. 지금 기준으로 엄밀하게 말하자면 별'자리'라고 하긴 힘들지만 그래도 엄연히 우리도 우리의 별자리가 있었다고.

우리나라의 별자리는 중국과 비슷한데 하늘을 동서남북으로 나누어 별 7개씩을 배치했어. 이렇게 28개의 별을 28수라고 불렀지. 동서남북에 상상 속의 동물인 청룡, 백호, 주작, 현무를 대입하는 사방신 개념은 여기에서 나온 거야. 옛날 사람들은 이렇게 별을 보며 사람의 운명을 관장하거나 세상의 변화를 일으키는 신이 있다고 생각하기도 했지.

지금은 국제천문연맹에서 88개의 별자리를 정해서 사용하고 있어. 이 88개 별자리로 밤하늘의 구역을 나눈 거야. 황도에 12개, 북반구에 28개, 남반구에 48개의 별자리가 있지. 이렇게 해 두면 누구나 같은 기준을 사용하니 이야기하기 편하겠지?

하지만 모든 별자리를 같은 날, 같은 장소에서 볼 수는 없단다. 대한민국에 사는 우리에게는 북반구와 황도의 별자리만 잘 보이고, 남반구의 별자리는 일부만 보이거나 아예 보이지 않거나 하지. 계절마다 별자리가 달라지는 덕분에 과학이 발달하지 못했던 옛날에도 사람들은 계절이 언제쯤 바뀌는지, 시기마다 어떤 일을 해야 하는지 알 수 있었단다.

별자리는 옛날 사람들이 별들을 임의로 이어서 만든 것이며 현재는 88개의 별자리를 사용하고 있다.

하늘의 북쪽, 북극성 찾기

별들을 이어서 별자리를 만들고 이야기를 붙이는 것은 밤을 지키는 사람들의 심심풀이라고 했지. 하지만 별자리의 중요한 역할은 따로 있었어. 바로 '방향을 찾는 열쇠'인 것이지. 지금이야 세계를 한눈에 볼 수 있는 지도도 있고, 심지어 스스로 길을 찾아 주는 내비게이션도 있으니 방향 찾는 것이 어려운 일이 아니잖아. 하지만 옛날엔 그렇지 못했거든. 특히나 넓은 들판을 떠도는 유목민들에게, 그리고 망망대해를 항해하는 뱃사람들에게 방향은 곧 생명과도 같았어. 그런데 밤에는 아무것도 보이지 않잖아. 그래서 그들은 별을 보았단다.

밤하늘을 오랫동안 자세히 보면 움직이는 별들 사이에 움직이지 않는 별이 하나 있어. 바로 북극성이야. 북극성은 하늘의 북쪽 꼭대

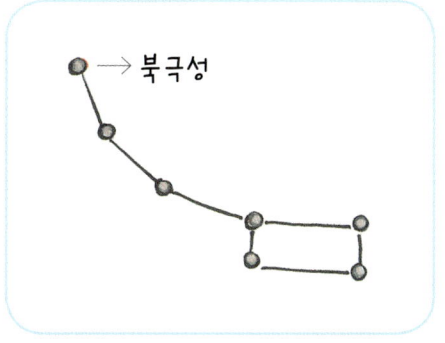

작은곰자리. 왼쪽 맨 위의 별이 북극성이다.

기에 떠 있는 별이거든. 그래서 북극성을 향해 가면 북쪽으로 갈 수 있지. 하지만 수많은 별 중에 하나의 별을 딱 찾아내는 것은 쉬운 일이 아니었어. 다른 별들이 움직여서 찾기 쉬울 거라고 생각하는 건 아니지? 별은 아주 오랫동안 봐야지만 알 수 있을 만큼 천천히 움직인다고. 그래서 북극성을 찾기 위한 방법을 생각해 냈지. 사람들은 북극성 주변의 별들을 엮어서 모양을 만들었어. 그리고 비슷해 보이는 물건이나 동물의 이름을 붙였지. 그렇게 하면 별들을 기억하기가 쉬웠거든.

북극성을 찾기 위해 가장 많이 사용하는 것은 북두칠성이야. 북두칠성의 일곱 개의 별은 모두 밝은 별들이라서 눈에 잘 띄어. 요즘은 보통 국자 모양이라고 하지. 국자 모양 앞부분의 두 별을 이은 선을 5배쯤 늘리면 그곳에 바로 북극성이 있어. 그런데 이것만으로는 잘 모르겠다 싶으면 카시오페이아자리를 이용할 수도 있어.

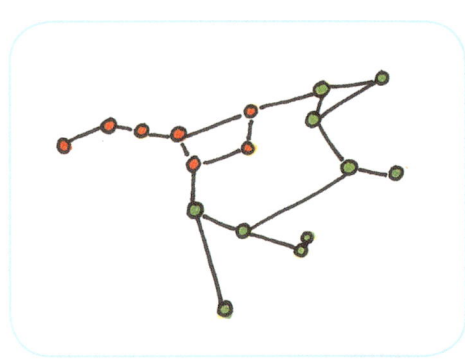

큰곰자리. 왼쪽 위 국자 모양의 7개의 별이 북두칠성이다.

다음 그림에 있는 별자리가 바로 카시오페이아자리야. 하늘색 부분이 별자리인데 약간 찌그러진 W나 M과 비슷한 모양이지. 주황색 선은 북극성을 찾기 위해 그린 선으로, 실제로 북극성을 찾을 때에는 보라색 선을 5배 연장해서 쓴단다. 북두칠성보다 어두운 별들로 이루어져서 찾는 것이 조금 어려울 수는 있어. 하지만 북극성을 기준으로 해서 북두칠성과 거의 마주하고 있으니 그리 찾으면 크게 어렵진 않겠지?

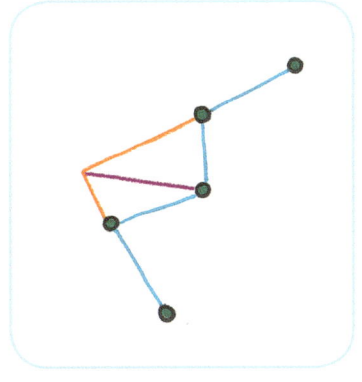

카시오페이아자리. 하늘색 부분만 별자리이며 주황색 선은 북극성을 찾기 위한 선을 긋기 위하여 연장한 선이다. 북극성을 찾을 때는 보라색 선의 길이를 5배 연장한 것을 사용한다.

카시오페이아자리와 북두칠성을 이용한 북극성 찾기. 북두칠성의 국자 모양 앞부분을 연결한 선의 5배, 카시오페이아자리 역시 위의 그림과 같은 방법으로 연결한 선의 5배를 가면 북극성이 있다.

옛날 사람들은 별자리를 방향을 찾는 데 이용했다. 이 중 하늘의 북쪽을 알려 주는 북극성은 북두칠성이나 카시오페이아자리를 이용하면 찾을 수 있다.

밤하늘의 별 찾기를 도와주는 프로그램

오리온자리나 북두칠성같이 비교적 찾기 쉬운 별자리도 있지만 그렇지 않은 별자리가 더 많지. 게다가 밝은 별 한두 개만 잘 보이는 도시에서는 별자리를 찾는 것이 거의 불가능할 수도 있어. 밝은 행성이라도 함께 뜨면 이게 별인지 행성인지 헷갈릴 거야. 그런 친구들을 위해서 두 가지 프로그램을 소개할게. 둘 다 무료로 사용할 수 있기 때문에 부담 없이 이용해 볼 수 있단다. 또 둘 다 우리말로 별의 이름을 알려 주기 때문에 더욱 사용하기 쉬워.

1. 스텔라리움

스텔라리움은 밤하늘의 별의 움직임을 알아볼 수 있는 프로그램이야. 컴퓨터와 스마트폰용 두 가지가 있는데 이 중 컴퓨터용은 무료로 사용할 수 있단다. 스텔라리움의 장점으로는 시간이 흐르는 속도와 방향을 마음대로 조정할 수 있다는 것이 있어. 밤새도록 별의 움직임을 살펴보는 데 유용하지. 또 시간과 장소를 마음대로 지정할 수도 있기 때문에 원하는 시기, 원하는 장소의 밤하늘을 살펴볼 수 있다는 장점도 있어. 검색 기능이 있어서 원하는 별이나 행성을 찾을 수도 있고, 각각의 별과 행성에 대한 자세한 정보도 함께 볼 수 있으니 하늘을 자세히 보고 싶은 친구들에게 좋겠지?

2. 별지도

우리말로는 별지도, 영어로는 스카이맵으로 찾으면 되는데 이건 스마트폰용이야. 스텔라리움이 별에 대한 자세한 정보나 밤하늘의 모양 등을 미리 조사하는 데 유용하다면 별지도는 눈앞의 밤하늘을 보는 데 큰 도움이 되지. 위치 정보가 켜져 있는 상태에서 앱을 켜고 화면을 보면 바로 그 자리의 별을 보여 주거든. 스마트폰을 움직이면 화면도 함께 이동하기 때문에 눈앞의 별의 이름이 궁금할 때 편리하단다. 또 스마트폰을 바닥 쪽으로 하면 우리나라에서는 보이지 않는 남쪽의 별자리도 볼 수 있어.

지구가 공전하면서 별자리도 바뀐다고?

우리나라에서는 1년 내내 북두칠성과 북극성을 볼 수 있어. 하지만 주변의 다른 별은 달라. 어떤 계절에는 보이고 어떤 계절에는 보이지 않지. 사실 계절마다 별자리가 달라지는 덕분에 과학이 발달하지 못했던 옛날에도 사람들은 계절이 언제쯤 바뀌는지, 시기마다 어떤 일을 해야 하는지 알 수 있었단다. 그럼 왜 계절마다 보이는 별자리가 다른 것일까?

계절마다 보이는 별자리가 달라지는 것은 지구가 공전을 하고 있기 때문이야. 지구가 태양 주위를 도는 것을 공전이라고 한다는 것은 앞에서 이야기했지. 그리고 지구의 경우 그 한 바퀴를 도는 데 걸리는 시간이 1년이라는 것도 말이야. 그렇기 때문에 밤하늘의 별자리는 1년을 주기로 돌아오게 되어 있어. 그림을 통해서 별자리가 바뀌는 원리를 한번 보자.

설마 환한 낮에는 없다가 밤에만 별이 뜬다고 생각하는 친구는 이제 없겠지? 낮 동안에는 태양이 너무나 밝기 때문에 별이 보이지 않아. 지구가 태양을 등지는 밤에만 별을 볼 수 있지. 그래서 우리는 태양의 반대쪽, 지구의 공전 궤도의 바깥쪽의 별만 볼 수 있어. 그림으로 보면 봄에는 위쪽의 별자리, 가을에는 아래쪽에 있는 별자리만 보여. 물론 실제로는 밤이 시작되는 시간과 새벽이 시작되는 시간대까지 볼 수 있으니 그 주변의 별자리

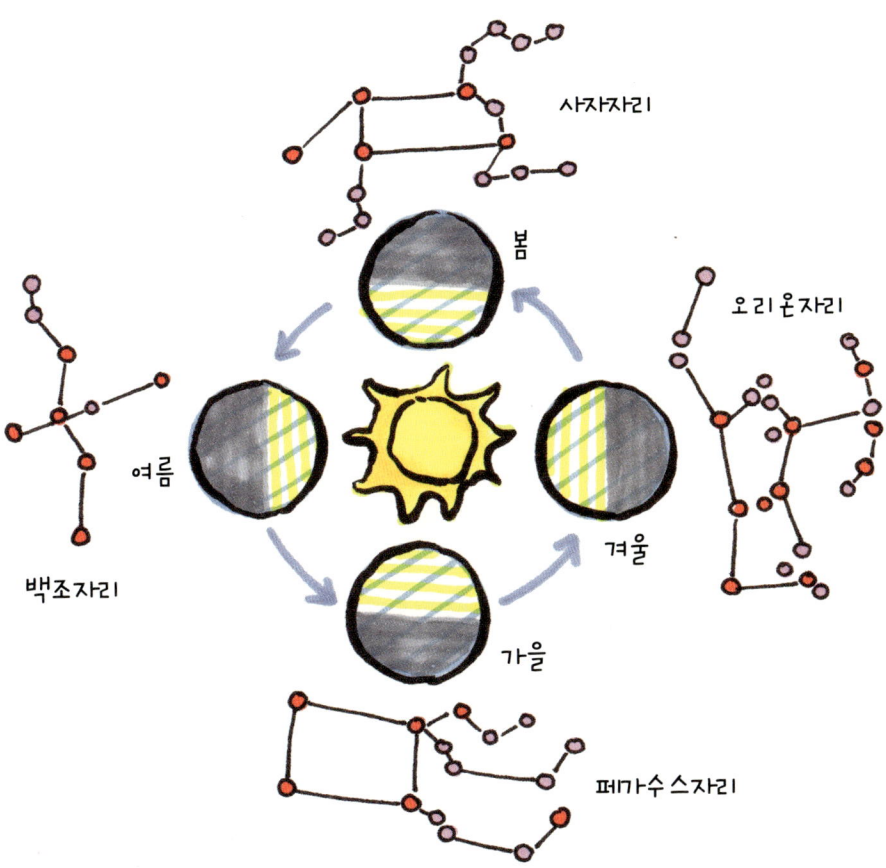

지구의 공전에 따른 위치 변화. 태양을 등지는 방향이 밤이기 때문에 그 위치의 별자리가 잘 보이게 된다. 반대로 태양을 향한 방향에 있는 별은 태양 때문에 보이지 않는다.

까진 볼 수 있지. 밤 12시에 정남쪽에서 볼 수 있는 별은 정확하게 태양의 반대쪽에 있는 별자리겠지. 이렇게 각 계절별로 가장 잘 보이는 별자리를 그 계절의 별자리라고 한단다.

만약 지구가 공전을 하지 않는다면 우리는 매일 똑같은 밤하늘을 보게 되었을 거야. 태양으로 끌려 들어가는 것도 막아 주고, 사계절이 생기게도 해 주고, 밤하늘의 모습도 바꾸어 주는 것을 보면 지구가 공전을 해서 참 다행이지 싶어.

지구의 공전으로 인해 계절마다 보이는 별자리가 바뀐다.

사계절을 대표하는 별자리

지금부터는 계절별 대표적 별자리를 살펴볼 거야. 이런 별자리를 기억해 두면 하늘의 별자리만 봐도 계절이 바뀌는 것을 알 수 있지. 달력이 없던 시절에는 큰 도움이 되었겠지?

봄의 대표 별자리는 사자자리, 처녀자리, 목동자리야. 이 세

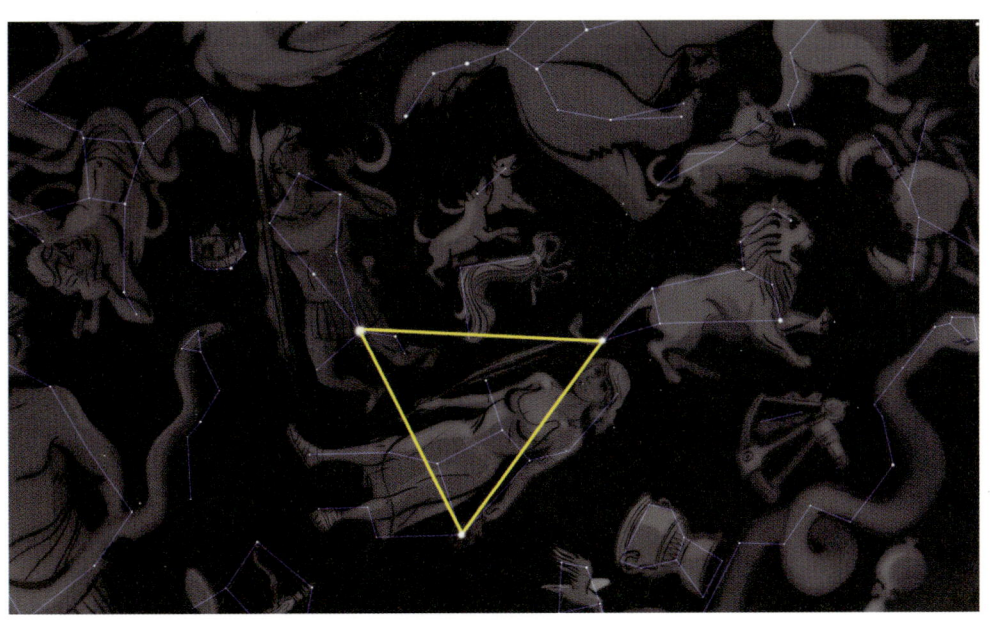

봄의 대삼각형

별자리의 밝은 별들을 연결하면 봄의 대삼각형을 만들 수 있지. 대삼각형은 보통 별자리에서 가장 밝은 별들을 연결해 만들어. 목동자리의 아르크투르스, 처녀자리 스피카, 사자자리의 데네볼라를 이어 만들지.

여름의 대표적인 별자리는 백조자리, 거문고자리, 독수리자리라고 할 수 있지. 여름의 대삼각형은 백조자리 데네브, 거문고자리 베가, 독수리자리 알타이르를 이어 만들어. 베가는 직녀성, 알타이르는 견우성이야.

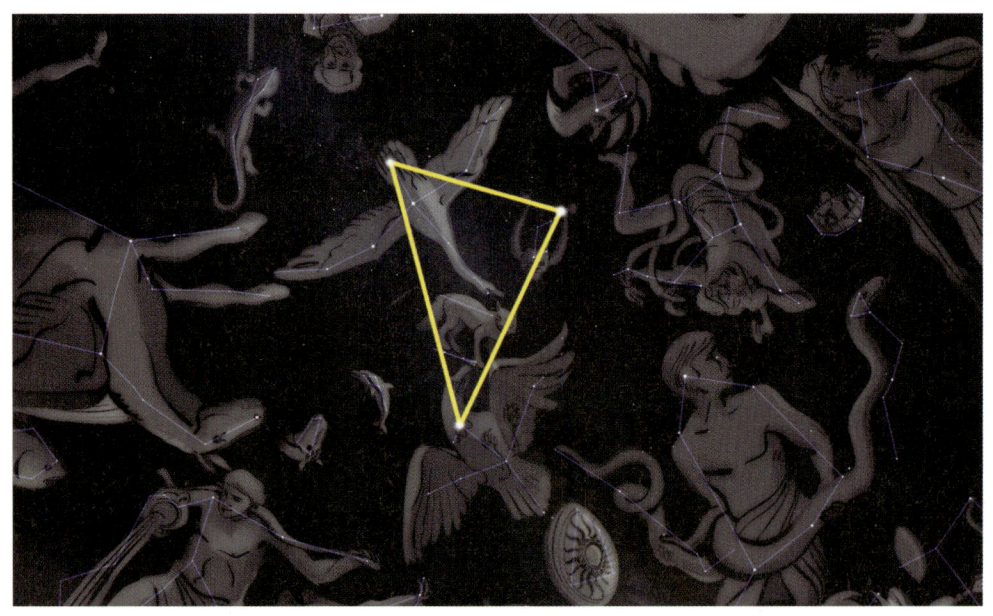

여름의 대삼각형

가을은 다른 계절에 비해 눈에 띄는 별자리가 드물어. 페가수

스자리, 안드로메다자리가 눈에 띄는 정도랄까? 그보다는 이전의 여름 별자리와 다가올 겨울 별자리가 더 눈에 띈단다. 다른 별자리의 밝은 별을 잇는 것과 달리 가을의 대사각형은 페가수스의 몸통에 해당해.

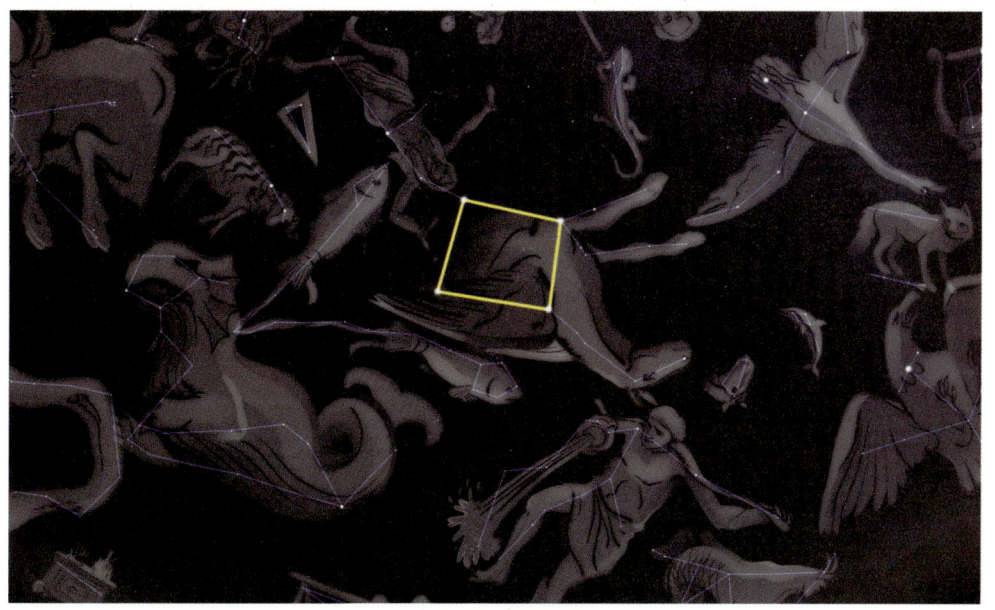

가을의 대사각형

겨울은 별을 보기에 좋은 계절이야. 밤도 길고 밝은 별도 많거든. 큰개자리, 오리온자리가 가장 눈에 띄는 별자리라고 할 수 있어. 오리온자리의 베텔게우스, 큰개자리의 시리우스, 작은개자리의 프로키온을 연결한 것이 바로 겨울의 대삼각형이야.

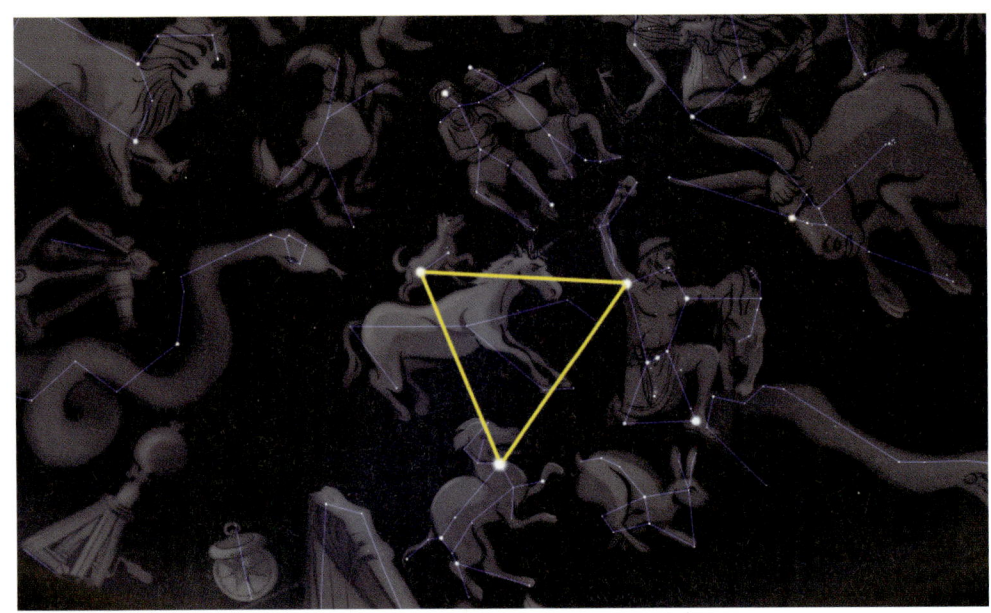

겨울의 대삼각형

너희들도 계절마다 밤하늘을 보고 계절별 삼각형과 사각형을 찾아봐. 그냥 보는 것보다 훨씬 재미있고, 밤하늘의 별자리들이 더 잘 보일 거야.

꼭 기억하기

계절별로 대표적인 별자리들이 있으며 이 중 밝은 별들을 이용하여 삼각형이나 사각형을 만들 수 있다.

은하수와 우리 은하

'미리내'라는 말을 알고 있니? 여름 밤하늘을 가로지르는 별의 강인 은하수를 이르는 순 우리말이야. 수많은 별들이 한데 어우러져 구름처럼 빛나는 모습이 강물처럼 보여서 우리나라 신화에서는 견우와 직녀를 갈라놓는 하늘 강이라 생각하기도 하고, 서양 신화에서는 여신의 젖이 뿌려져서 만들어진 것이라고 해서 밀키웨이(MILKY WAY)라고 부르기도 하지.

여름 밤하늘을 수놓는 은하수. 이젠 빛 공해에 가려져 일상 속에서는 쉽게 보기 힘들지만 아직도 찾아보면 은하수를 볼 수 있는 곳들이 남아 있지. 그런데 은하수는 왜 여름에 잘 보일까?

그건 '우리 은하'와 관련이 있어. 별들은 밤하늘에 흩어져 있어 마치 우주 공간에 골고루 뿌려져 있는 것 같지? 사실 별들

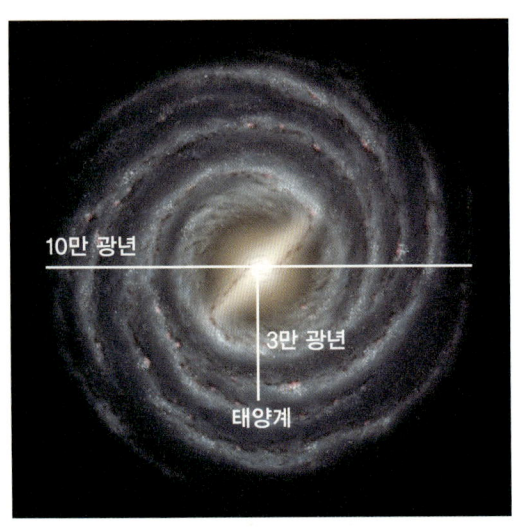

우리 은하와 태양계 위치

은 우주의 일부 지역에 모여 있어. 이러한 별의 무리를 '은하'라고 부르는 것이고, 우리 태양계가 속해 있는 은하를 '우리 은하'라고 부르지. 밤하늘의 은하수는 사실 우리 은하의 모습인 거야.

우리 은하는 막대 끝에 소라 껍데기처럼 소용돌이치는 나선 팔이 달린 가운데가 볼록한 원반처럼 생겼어. 은하의 중심에 가까울수록 별들이 많이 있어 밝게 보이지. 하지만 방 안에서 집 전체의 모습을 볼 수 없는 것과 마찬가지로 우리는 우리 은하의 전체 모습을 볼 수는 없어. 다만 밤하늘을 통해서 부분부분을 볼 수 있는 것이지.

다시 질문으로 돌아가서 여름에 은하수가 잘 보이는 이유는 우리가 그 원반의 가장자리에 위치하고 있기 때문이야. 앞에서 말했던 것처럼 지구가 태양 주위를 공전하면서 계절마다 보이는 밤하늘의 위치가 바뀌는데 우리 은하의 중심은 북반구 기준으로 여름철 밤하늘에 보이는 궁수자리 방향에 있거든. 그래서 여름에는 보이는 별의 수가 많아서 두껍고 밝은 은하수가 보이게 되는 것이고, 여름의 반대인 겨울에는 은하의 중심이 아닌 가장자리를 보게 되기 때문에 보이는 별의 수가 적어져서 은하

우리 은하의 모습을 어떻게 알 수 있을까?

'우리 은하'의 모양은 막대나선은하라고 할 수 있다. 지름은 10만 광년쯤 되고, 별이 2000억 개 넘게 있는 나름 거대한 은하. 중심에는 밝게 빛나는 은하핵이 있고 은하핵에서 짧은 막대가 양쪽으로 나와 있다. 막대의 끝에는 다시 소용돌이 모양의 나선 팔이 달려 있다. 은하의 막대나 나선 팔은 별들과 그 사이의 가스로 이루어져 있다. 우리 태양계도 그 나선 팔 중의 하나에 위치하고 있다. 그런데 은하 속에 있는 우리가 어떻게 우리 은하의 모습을 잘 알 수 있을까?

과학자들은 별의 거리와 위치를 확인해서 분포도를 만들었다. 이러한 자료를 바탕으로 해서 우리 은하의 모습을 구성했다. 그 결과 지금과 같은 우리 은하의 모습을 알게 된 것이다.

수가 없는 것이지.

은하수가 띠 모양으로 보이는 것 역시 우리가 은하 안에서 바라보기 때문이야. 우리가 만약 우리 은하 밖에 있어서 먼 곳에서 우리 은하를 바라본다면 우리 은하가 어떻게 생겼는지 바로 볼 수 있겠지?

수많은 별들이 모여 있는 것을 은하라고 부르며 태양계가 속한 은하를 '우리 은하'라고 부른다.

 별 공장, 은하

우주가 처음 만들어졌을 때는 은하라는 것이 없었어. 은하가 뭐야? 별의 무리잖아. 은하는커녕 별도 없었단다. 대신 별의 재료들이 모여 있는 거대한 구름이 있었지. 이 구름을 '성운'이라고 불러. 성운 속 별의 재료들은 중력 때문에 서로를 끌어당기고 결국 뭉쳐져서 별들이 되었어. 이렇게 생긴 별들이 모이고 모여서 은하를 이룬 거지. 그렇다고 모두가 다 바로 은하가 된 건 아니야. 은하가 되기에는 조금 부족한 것들은 '성단'이라는 조금 작은 별의 무리를 이루기도 했지.

은하에는 많은 별들이 있어. 그런데 별들은 영원히 살 수 있는 존재가 아니잖아. 그중에서도 특히 큰 별들은 초신성이 되고. 그러면서 은하에는 다시 별의 재료가 되는 물질들이 많아져. 여기서 별이 다시 만들어지지. 이렇게 은하 속에서는 별이 태어나고 사라지고를 반복하고 있어.

'은하' 하면 어떤 모양이 생각나니? 다들 흔히 나선 팔이 달린 납작한 원반을 떠올리지만 은하의 모양은 아주 다양하단다. 은하 전의 성운도 마찬가지로 다양한 모양이 있어.

다양한 은하의 모양을 한번 살펴볼까? 나선은하는 은하 하면 흔히 떠올리는 중심에서 나선 팔이 나와 있는 은하를 나선은하라고 해. 나선 팔의 개수는 은하마다 달라질 수 있어. 안드로메다은하가 여기에 속한단다. 나선은하와 비슷하나 중심에서 막대가 뻗어 나와 있는 막대나선은하도 있어. 우리 은하가 바로 막대나선은하에 속해.

독수리성운

타원은하는 나선 팔이 없이 공 모양으로 별들이 뭉쳐 있는 은하야. 중앙 부분에 별들이 모여 있어 밝고 가장자리로 가면 밀도와 밝기가 떨어지지. 보통 나선은하 계통의 은하보다 크고 별의 수도 많아. 렌즈형은하는 납작한 타원은하와 비슷한 모양이나 주변에 얇은 원반이 존재하는 은하야. 나선은하와 비슷해 보일 수도 있으나 나선 팔이 없어. 그 밖에도 일정한 모양이 없는 불규칙은하가 있어. 불규칙은하는 은하 생성 초기 단계에서 나

나선은하

타원은하

타나기도 하고, 일반적인 모양을 가진 은하끼리 충돌하면서, 외부 중력에 의해 모양이 바뀌면서 나타나기도 한단다.

이러한 은하의 모양은 영원한 것은 아니야. 시간이 지나면서 바뀌기도 하고, 은하들끼리 충돌하거나 합쳐지면서 바뀌기도 한단다. 우리 은하도 안드로메다자리에 있는 안드로메다 은하와 합쳐질 거야. 물론 수십억 년 후의 이야기니 미리부터 걱정할 것은 없어.

그런데 별의 무리인 은하들도 별들처럼 무리를 만든단다. 이렇게 은하들이 모인 것을 은하군이라 하고, 은하군이 모인 것을 다시 은하단이라고 하지. 이런 은하군과 은하단 들이 모여서 초은하단을 만들어. 예를 들어 우리 은하는 처녀자리 초은하단에 속해 있는데, 여기엔 3000개가 넘는 은하들이 모여 있어. 외부의 은하단들도 마찬가지이지. 우리가 볼 수 있는 우주에서만 이런 은하단이 수백만 개가 넘게 있다고 하니 정말 우주는 상상 불가능할 정도로 넓은 곳인가 봐.

산개성단과 구상성단

은하보다는 작은 별의 무리를 성단이라고 한다. 그중 산개성단은 불규칙한 모양으로 흩어져 있는 성단을 의미한다. 젊고 밝고 뜨거운 별들이 모여 있는 경우가 많다.

한편, 별들이 공처럼 둥글게 모여 있는 성단을 '구상성단'이라고 한다. 산개성단에 비하여 별의 수가 훨씬 많으며 중심부로 갈수록 밀도가 높다. 구상성단은 우주 생성 초기에 만들어진 것들이 많아 나이가 많다.

플레이아데스 산개성단

헤라클레스자리 구상성단

수많은 별들이 모여서 은하를 만드는데 은하 안에서 별들은 사라지고 다시 만들어지기를 반복한다.

이건 알고 있니?

은하의 한가운데 있는 거대 블랙홀

우리 은하나 다른 은하의 사진을 보면 가운데가 아주 밝게 빛나는 것을 볼 수 있어. 이 밝은 빛이 사실은 블랙홀 때문이라면 믿을 수 있을까? 너무나 밝은 빛 때문에 이 블랙홀들은 처음에는 거대한 별이라고 생각되었어. 그런데 앞에서 블랙홀을 찾을 때 주변에서 나오는 빛을 이용한다고 한 것 생각나니? 관측을 계속한 결과 빛의 원인은 별이 아닌 블랙홀이라는 것을 알게 되었지. 우리 은하의 중심에 있는 블랙홀의 질량은 아직 정확하진 않지만 태양의 수백만 배에 달한다고 해.

이러한 블랙홀들은 어떻게 만들어졌을까? 정확한 과거

은하 중심 블랙홀. 은하의 한가운데 밝은 부분은 은하 중심의 거대한 블랙홀에 빨려 들어가는 물질에 의한 빛이다.

를 볼 수는 없지만 과학자들의 생각은 이래. 은하 중심의 거대한 블랙홀도 처음부터 이렇게 큰 블랙홀은 아니었어. 우주가 만들어지고 첫 번째 별들이 만들어지던 시기에 생긴 거대한 별들이 죽은 뒤 블랙홀이 되었고 시간이 지나면서 그것들이 다시 합쳐져 더 큰 블랙홀이 되었지. 이런 일들을 반복하면 결국 지금처럼 큰 블랙홀이 되는 거야. 때로는 서로 다른 은하들이 합쳐지면서 블랙홀끼리 충돌해 합쳐지기도 하고, 주변의 별들을 잡아먹으면서 자라기도 했을 거야.

중심에 거대한 블랙홀이 있는 은하에서 별들은 그 블랙홀을 중심으로 돌고 있어. 블랙홀을 중심으로 공전하고 있다고 생각하면 되겠지. 우리 태양계도 마찬가지인데 약 2억 3천만 년 정도 걸려서 우리 은하를 한 바퀴 돈다고 해. 그에 비해 이 블랙홀에 가장 가까이 있는 별 중의 하나는 15.2년마다 한 바퀴씩 돈다고 해. 블랙홀에 빨려 들어가지 않고 궤도를 유지하기 위해서 초속 5000킬로미터라는 어마어마한 속도로 말이지.

우주에 끝이 있다면 아무것도 없다?

대폭발 이후에 우주는 계속 팽창하고 있어. 그 때문에 별과 은하들은 서로 멀어지고 있지. 멀리 있는 별이나 은하일수록 더 빨리 멀어지고 있다고 해. 우주에 무슨 일이 일어나는 것일까?

별과 은하들이 멀어지는 방식은 좀 특이해. 천체가 움직이는 것이 아니라 우주 공간 자체가 늘어나는 것이거든. 그러면서 그 속의 천체 사이의 거리가 멀어지게 되는 것이지. 간단한 실험을 해 볼까? 고무줄과 펜을 준비해서 일자로 된 고무줄 위에 같은 간격으로 점을 찍어. 7개 정도 찍으면 좋아. 고무줄은 우주고 점은 천체를 뜻하지. 그 후엔 고무줄의 양쪽을 잡고 늘려 봐. 우주가 늘어나고 있는 거야. 줄을 더 당겨 볼까? 이젠 가운데에 있는 점과 가장 가까운 점, 그리고 가장 먼 점의 거리를 비교해 봐. 가까운 것은 1씩 멀어지지만 먼 점은 3씩 멀어지고 있지. 이게 바로 멀리 떨어진 천체일수록 더 빨리 멀어지는 원리야.

이런 일이 계속 되면 앞으로 우주는 어떤 모습이 될까? 이야기를 시작하기 전에 지금 하는 이야기들은 아주아주 먼 미래라

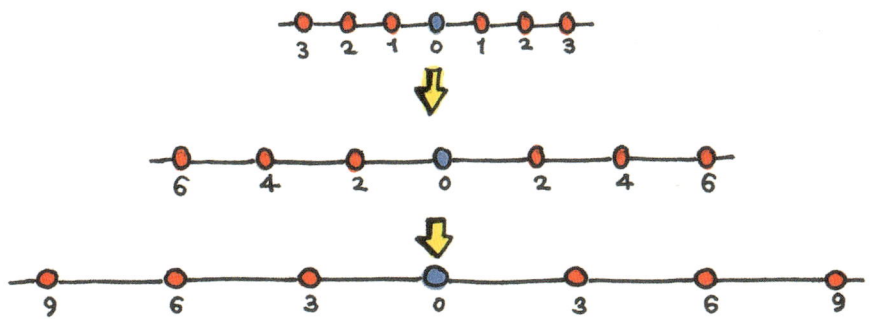

 는 것을 알려 줄게. 사실 걱정할 필요가 없을 정도로 멀고 먼 미래라는 말이지. 우리 중 그 누구도 이런 일들을 볼 수 없고 그때까지 인류가 살아갈 것이라고 생각하는 것도 어려워. 어쩌면 그 전에 다른 우주로 가는 방법을 발견하고 떠났을지도 모르고. 그러니 너무 걱정하지 말고 읽어 봐.

 사실 멀리 있는 별이나 은하와 달리 중력의 영향이 큰 가까운 거리에 있는 별이나 은하들은 오히려 서서히 가까워지고 있어. 별이나 은하가 가까워지면 어떻겠어? 한동안은 은하수에 더 많은 별이 보일 것이고, 그러다 보면 어느 순간 서로 합쳐지는 때가 오겠지. 큰 은하들이 합쳐지면 중심의 블랙홀들이 합쳐져서 더 큰 블랙홀이 될 수도 있을 거야. 거기에 빨려 들어가는 별이 생길 수도 있을 거고. 수명이 다해서 터지거나 그냥 조용히 사라지는 별도 있겠지. 우리의 태양도 마찬가지일 테고 말이야.

반대로 멀리 있는 별과 은하는 점점 멀어지겠지. 아까 고무줄 위의 점들처럼 말이야. 은하수가 아닌 곳에는 별이 많이 없어지는구나 하게 될 거야. 더 많은 시간이 지나면 별의 반짝임은 줄어들고 텅 빈 곳이 많은 검은 하늘이 보일 수도 있어. 멀리 있는 별과 은하들은 더 멀리멀리 떨어져서 빛조차 도착할 수 없는 곳으로 가 버릴 테니깐. 그때가 되면 우리 은하와 태양계가 남아 있진 않겠지만 남은 은하들은 우주 속에 외딴섬이 되어 버리는 셈이야.

상상조차 불가능한 더 많은 시간이 지나면 모든 것들은 사라지게 된단다. 빛나는 별도, 빛나지 않는 별도, 심지어 블랙홀조차 증발해 버려. 그리고 원자도, 빛도, 그보다 더 작은 입자도 언젠가는 사라지거든. 우주가 텅텅 비어 버리는 거야.

우주의 마지막이 꼭 이런 모습이라고 결정된 것은 아니야. 인류가 우주에 대한 모든 것을 아는 것은 아니거든. 우리가 더 많은 것을 알아낸다면 우주의 마지막 모습은 바뀔 수도 있단다. 대표적으로 우주가 끈과 막으로 이루어졌다고 설명하는 M이론이 있어. M이론에 의하면 우주는 하나가 아니야. 각각의 막마다 별도의 우주가 존재하고, 이 막들이 충돌하면서 우주는 다시 폭발, 재생을 한다고 해. 간단하게 말해서 빅뱅부터 다시 시작한다는 거야.

여기서 잠깐! 빅뱅부터 다시 시작하면 지구가 또 나타나지 않을까 하는 친구들이 있겠지? 공룡이 다시 나타나고, 또 다른 내가 다시 태어나고 말이야. 하지만 새로운 우주가 시작되는 것일 뿐, 그런 일은 일어나지 않아. 뭐, 빅뱅이 아주아주 여러 번 일어난다면 지구와 비슷한 곳이 다시 생길지도 모르지. 하지만 그렇다고 해도 그곳은 지금 우리가 사는 지구랑은 전혀 다른 존재란 말씀.

친구들은 이 책을 읽고 나니 어떤 기분이 들어? 우주에 대해 모든 것을 다 안 것 같지 않니? 하지만 우주는 알면 알수록 더 많은 수수께끼가 남아 있단다. 어떻게 보면 우리 인류는 이제 막 우주에 대한 탐사를 시작한 단계에 있다고 할 수 있어.

그렇다고 너무 실망할 건 없어. 지난 수천 년 동안 알아낸 것보다 최근 100년 사이에 알아낸 게 훨씬 더 많단다. 과학과 기술이 발달할수록 그 속도는 더욱더 빨라질 거야. 아마 친구들이 어른이 되었을 때는 정말 우주에 대해 다 알았다고 할 날이 올지도 모르겠다.